多彩經濟路

楊雅惠　著

自序

　　繼續研究，不斷學習，整理心得，落筆為文，是我長期的工作與旨趣。在寫作中看到的世界，不止於方格排列，而是多元多方的時空議題。在書堆文獻中探求奧秘，在迴轉糾結中整理思路，筆耕中發掘不少多彩多姿的園地。

　　經濟學的訓練，有理論的辯證，有實務的剖析。以經濟作為研究主題，乃是永無止境的功課。經濟時局永不停格，脈動永不止息，對世界產生多元的影響，也對公共體制產生若干衝擊與挑戰。再將視野放寬至跨國跨域跨時，角度更為遼闊。

　　個人取得經濟學博士學位之後，自中華經濟研究院研究期間起，陸續發表中英文論文、研究報告，並在大學課堂講授。進入公職生涯，擔任中央銀行理事、金融監督管理委員會委員，以及考試院考試委員。金融主管單位之職掌與經濟金融情勢密切攸關，文官體制與退撫基金也在變遷環境下面臨省思。無論公務體系或民間部門，日日面對經濟金融之脈動，與多樣世界及流轉世代相互交迭，在在皆是下筆的題材。

　　歷年來陸續發表論述心得，文章或長或短，議題或大或小，角度或近或遠。本書不克盡錄，謹擇取數文，尤其以近十年來文章為主，依闡釋重點分成三大篇。至於文章之原發表處，則註記於各文之末。

第一篇：經濟變局之烙痕

第一篇展開四個主題。第一主題為經濟路徑，討論經濟發展面臨的本質與限制，以及可能面臨的風險。歷史上常看到重覆的經濟挑戰，政府追求經濟成長往往無法順遂，有無基本原因，有無改善方向，頗為繁複。從歷年來經濟學諾貝爾獎的議題，可看出經濟之多元性與推進性。

第二主題金融風暴，數個重要金融危機在歷史上出現，如中南美洲金融危機、亞洲金融風暴、金融海嘯、歐債風雲等。歷次金融危機點燃原由不同，市場亂象與信心崩盤的衝擊氣氛則相似。危機後改革聲浪不斷，如金融穩定措施、金融改革法案，陸續出爐。而國際金融組織的角色，也屢受檢討批評。

第三主題洲際變局，追蹤美中貿易戰的步調、英國脫歐之爭議，在歐債風雲期間的歐元區風波，以及新型冠狀病毒肺炎之因應。川普就任美國總統以來，對於美國在國際協定上的角色重新定位，其發動的美中貿易戰更是國際震撼彈，扯動經濟、政治、科技、金融諸多問題，產業結構在國際間重新布局，紛紛轉地投資貿易。在持續不穩定的國際變局下，各國貨幣政策採取寬鬆措施，低利率成為常態情勢。而2019-2020年以來之COVID-19，更逼使各國絞盡腦筋祭出空前經濟措施。

第四主題，金融的多幻面貌，帶來潛在商機，諸如科技金融、銀髮金融、文創金融等，皆待進一步開發推廣。發展最快速也最迷幻的科技金融，乃是金融界競相角逐的園地，然也面臨市

場安全性之風險。網路世界的新鮮性與資安問題的威脅，同時共存，社會必須同時面對。

第二篇：經濟視野之延展

　　第二篇進一步拓展視野，跨越國界與時空，放眼經濟社會人文的多元風貌。第一主題對若干國家社經風貌予以點評，包括荷蘭、巴拿馬運河、智利、紐西蘭、阿根廷、墨西哥、俄羅斯等。歷史的腳步在每個國家留跡，不同資源提供每個國家相異的發展路徑，有身歷嚴重經濟風暴而原地哮喘的國度，有掙脫困境而脫胎換骨的經濟模式。由他國發展經驗拓展吾人視野，本章擷取異國發展某段面貌而予以評介。

　　第二主題跨業跨域，由歷年諾貝爾經濟學獎項的頒發看到經濟學可以跨越領域，作出更多貢獻。以文化創意產業為例，結合文藝與產業，藝文有路通往米糧。經濟與音樂看來理性感性互不相關，融合之後得以在工作生活間取得平衡而提昇效率。歷史上不少跨域跨業人士，貢獻匪淺，人間留善。

　　第三主題在跳躍的時空上，看到不同地點不同事件，時間與空間的距離，並未隔斷人間心靈的共鳴，也看到諾貝爾獎多年來致力於協貧之路。數世紀以來國際強國之間相互競逐，強弱易位，常取決於關鍵時刻的抉擇，從不少歷史事件的紀錄已告訴世人教訓。歷史故事的精彩情節，雖是久遠典故，常成今日舞台上的絕佳題材。古今心靈相觸，古人對貧富懸殊的感觸，今人看來亦心有戚戚焉。東方與西方世界的文化，相互衝擊融合，耐人靜

靜尋味。不少國家在時間洗滌中，經歷了天堂與地獄的差別際遇，如同希臘從神話世界掉入歐債世俗漩渦，波蘭從慘痛亡國重掌復國旗幟。人間跨時代的動力，就在於人文之啟動，夢想之落實。

第三篇：經濟觸動之體制

本書第三篇討論受到經濟波動影響之公共體制，擇取兩個主題。第一主題為受到經濟脈動直接衝擊的公共基金，包括公務人員退撫制度與退撫基金等。其他國家常有退撫機制之更動修訂，他山之石，可以攻錯，本書擇取德國、美國及鄰近國家之經驗，進行評介。

第二主題，討論人力供需。人力供需涉及教育體制與社會需求，無論公務人力或社會人力資源，均隨著國際脈動與國內時局而有變遷，值得探究。公務部門文官體制須具備公正性、公平性、公信力，在多變的經濟環境中，文官體制除在維持穩定性外，如何與時俱進，有賴深思。

* * *

個人長期以來的文章，不只本書所輯，尚包括專書著作、學術論文、研究報告等等，多數未能在本書中摘取，僅在最後的附錄中列示之。除此之外，個人工作之餘，長期對於音樂存有深厚興趣，曾參加音樂演出與創作行列，並偶有文學作品，悉獲師長鼓勵，珍之惜之。

　　本書編彙期間，走遍春風微送、夏蟬高鳴、秋陽遍照、冬雨細飄。國內外時局也隨著年年春去秋來與日日金融波動，持續更迭交替。每篇文章撰寫的時局背景，雖已在歲月中變遷，而文中記述當時情境與思維論點，若在將來尚有可供參照之處，可堪欣慰。書中拙作任何差池謬誤，當是文責自負。尚祈各界不吝賜教，意見交流，乃為至盼。

楊雅惠
誌於庚子臘月

目次
CONTENTS

第一篇
經濟變局之烙痕

壹、經濟路徑

- 為什麼拚經濟這麼難
- 橫看成嶺側成峰——決策勿侷限一隅
- 從歷年諾貝爾獎看經濟議題走向
- 少年Pi馳騁著風險之帆
- 金融灰犀牛前的地鼠
- 從納許賽局理論看社經行徑

為什麼拼經濟這麼難？

　　人人希望經濟好，各國各執政者都高喊拼經濟，但為何常常經濟不如預期？歷來掌權者信誓旦旦，或訂出成長率目標，或標榜重點產業項目，或者喊出振奮口號，而國內外經濟情勢有榮有枯，並非一廂情願地喊聲錢來也，便能換得經濟長紅。拼經濟之所以如此困難，必須認清原由，本文所提六個原因，頗為關鍵。

　　首先必須認清：經濟個體所作出的選擇，往往是在資源有限下必須作的取捨。每一單位皆面臨種種選擇，個人所得如何支配，企業資金如何投資，國家稅收如何開支，皆是抉擇的十字路口。分配給甲，就無法給乙，故為了爭奪資源而激烈較勁，成為社會常態。吾人可見，為了前瞻計畫資金如何分配，中央與各地方政府無不卯足了勁，不管政策評估報告是否周全，先搶到預算再說，甲縣多了兩億，乙丙兩縣便各少了一億。對個人理財亦然，面臨選擇困境，多買了高報酬率的股票，便要放棄穩健收入的存款。

　　第二點，天下沒有白吃的午餐，享受必付代價，偏偏有些人想吃滿漢全席，卻只想付出魯肉飯的價格。若要求政府提供良好福利措施，須繳納更多稅賦，否則財政赤字壓力沈重，擠壓到自其他項目之發展空間。以都更計畫為例，有些擁屋者想一坪換一坪，要求免費換新，造成不少都更步調卡關。再以健保而言，連

經濟學諾貝爾獎得主克魯格曼（P.Krugman）都誇台灣的健保是全球第一好，價格低廉而服務廣泛，連美國都無這麼好的健保。一旦政府當起散財童子，寅吃卯糧的財政赤字便一路上衝。且看2010年歐債風雲，便是歐洲五國財政赤字負荷超重所燃起之緊張情勢，甚至引起歐元崩盤之疑慮，可見強搶公共資源的禍害之大。

第三個重點常是關鍵：不同立場，不同角色，不同偏好，彼此對立，成為常態。經濟變數常一刀兩刃，利率漲了，有利於存款者，不利於借款者；新台幣升值了，有利於進口，不利於出口；勞資爭議是雇主與勞團的拉扯對立，找不到雙方彼此滿意接受的平衡點。執政者握有政策上導權，總是順了姑意逆嫂意，在權衡輕重之天平上，考驗決策智慧。若只討好特定族群，重視單一面向，豈能有效提振整體經。這在選舉時刻特別顯著，為了選票，擱置經濟。

第四：個體加總不等於總體。每一個體在其他人不變之假設下採取經濟行動，然而其他個體並非固定不動，也作了經濟行為。例如：員工加薪5%，全體國民皆同步加薪，原是消費能力增加了，然若百貨商品物價也以同一水準挺升，則實質所得即零成長，消費能力也是零成長。2008年金融海嘯的發生，便是每企業評估個體投資風險時，假設其他個體均維持原狀，總體環境不變，嚴重低估總風險，一旦釀成風暴，每一個體皆在總體海嘯浪潮裏昏頭翻滾。這現象，乃個體與總體之間的合成謬誤。

第五項是經濟詭異之處，經濟情勢並非一成不變。人不是機械，行為不按表操課，金融動態天天變化，尤其巨大事故發生時，經濟結構重新洗牌。在大蕭條、東亞金融風暴、金融海嘯發

生時，所有根據過去資料建立的經濟預測模型幾全槓龜，急急數次修正，仍趕不上風暴的飆速與雨量。即使承平時期，股市仍是天天瞬息萬變，遇到股價連續狂飆便飲酒作樂，總等到泡沫破滅瞬間方驚覺變天。

第六項：非經濟因素影響了經濟，這往往是影響力道最強的因素，諸如大選變局、民眾抗爭、社會亂象、天災頻仍、外交困境等等。不利於經濟的負面訊息一出，金融市場出現失序，企業投資意願轉向，牽引人才移動。英國脫歐之際，股匯市如三溫暖般大幅跳躍，國際經貿合約重新一國一國逐條談判，交易成本甚高。

經濟如此錯綜複雜，為覓得適切策略，經濟研究的重要性突顯易見，把各項經濟變數關係釐清，研析各政策之影響，綜合考量整體效果，諸如：研擬刺激景氣的策略，政府與市場交手的角色拿捏、如何在國際列強環繞下施展經貿舞台、如何運用阮囊羞澀的財政經費以助產業發展、如何修改稅制方能兼顧投資意願與財政平衡。並須瞭解經濟模型之限制，不單仰賴舊有資訊來推估未來，經濟研究與政策研析必須不斷精進，與時俱進。

具備周全的研析資訊之後，便是選擇的問題。每一個人都有不同偏好，意見紛歧。四處衝突下，決策者取捨十分艱難，選擇的權重，選擇的觀念，左右了國家的經濟命運。經濟能否拼得出好成績，隨著各國決策品質的良窳，搭建出各國的經濟情境，各有門道，各有造化。

（工商時報，2018年3月2日）

橫看成嶺側成峰
——決策勿侷限一隅

　　宋朝蘇東坡的名句：「橫看成嶺側成峰，遠近高低各不同；不識廬山真面目，只緣身在此山中。」用來形容當今社會朝野多種態樣，頗為神似，類似事件層出不窮，俯拾即是，僅以數端臚列之。

　　到底台灣該不該增稅？這問題訴諸民調，必是一面倒地反對。若要評估稅賦重不重，可從各國租稅負擔率的相對高低來觀察，即政府賦稅收入占GDP之比例，以2016年為例，台灣為12.9%，低於日本19.3%、美國20.1%，更低於歐洲的德國22.9%、法國28.6%、英國26.5%。從這些數據來看，台灣之租稅負擔率在國際間乃是相對偏低，倘若擇此數據為唯一標準，解答則是增稅。

　　然而，反對增稅者比比皆是，一般人寧可守住荷包，不願交付國庫。或許不信任政府運用資金效率，寧可慷慨資助鉅變窮疾；或許不明稅賦資金去向，寧可錢拋股市干冒虧損風險；或許不諳國際租稅趨勢，只是欣羨他國社會福利優渥。在選舉頻仍的台灣，增稅乃是各候選人都不敢開口吐納的話題。

　　再問另個問題：到底政府公務員人數應否瘦身？目前此議

已是既定政策方向。若進一步觀察公務人員人數占總人口數之比率來看，近兩年間，台灣為2.2%，低於日本2.7%、美國6.8%、德國7.2%、英國8.3%、法國8.4%。台灣此比率與他國相較，乃是偏低，具有擴充空間。

　　然而，政府應該瘦身的說法仍然無法廢棄，各機關採取遇缺不補之逐步縮編措施。或許是政府施政效率不彰，不似民間企業用人必計績效；或許是諸多政策效果難以量化，未見幕後公務人員的殫精竭慮；或許是政府人才分配未盡完善，工作分配不均。在民眾怒斥執政失職時刻，也有公職人員積勞成疾甚至衰寂情事。

　　當今社會環境，萬家爭鳴，紛擾不斷。無論是一例一休、年金改革、反同挺同，意見紛歧。國際上亦然，各種論點針鋒相對，全球化與反全球化，貿易自由化與貿易保護，相互結盟與脫盟，令人焦慮的議題正在國際間蠢動延燒。

　　對於如何進行決策抉擇，經濟學上有最佳、次佳、再次佳等不同理論。進行決策選擇時，由於資源、經費、人力、時間有限，必須進行抉擇，期能得出最適策略，在不損及其他成員福利下，提高某成員福利，讓所有成員都能獲致最佳效用，此稱為最佳理論（The Theory of First Best），乃柏拉圖最適境界（Pareto Optimality）。

　　柏拉圖最適境界的前提，往往是在多項條件都滿足的情境下進行。例如市場結構為最有效率的完全競爭型態、各方協調之交易成本不存在、相關資訊完整周全等等。實際狀況則是諸多條件難以同時滿足，市場存在若干扭曲，決策者必須在部分條件被扭曲的情境下進行配置。舉例言之，假若五項假設情境是柏拉圖最

適境界，其中一項假設條件不符合時，此時之處理，並不是讓其他情境採行原來配置策略，而是所有情境必須隨之調整，否則會有更多扭曲，此稱為次佳理論（The Theory of Second Best）。甚至進一步尚有再次佳理論（The Theory of Third Best），認為資訊不全下，決策者應就已知的扭曲情境去處理，而不是在未知情境下加上更多的扭曲，因此補足資訊缺失乃是重要的解決方案之一。

百家爭鳴的世代，各方常有執著立場。國事如麻，經緯萬端，決策者自難面面求全。為求全民福利最大，切忌只顧一方立場，失之一隅之見，宜衡諸多維，全盤思慮，提升決策高度。沈謀重慮，能夠獲得最佳情境是第一選擇；在多方限制與扭曲條件下，宜重作全盤規劃以尋求次佳決策，進一步而言，勿倉促行動，宜搜全資訊，擘肌分理，以作再次佳決策。成嶺或成峰，隨所立角度而異，若不識廬山真面目，貴耳賤目，決策之危矣!

（工商時報，2017年6月2日）

從歷年諾貝爾獎看經濟議題走向

　　諾貝爾經濟學獎從1969年起每年頒發，得獎者乃是在經濟學上提出新穎見解、引領風潮、具有相當影響者。從歷年來之得獎者名單，可歸納出眾所關切之重大經濟議題，但也有不少經濟問題至今尚未有理想解決策略，有待研究者繼續努力。

　　把複雜的經濟現象予以簡化並條理分析，系統性闡釋經濟學基礎觀念，此工作之開拓名單，絕不可漏掉Samuelson（1970年得獎）（以下人名後括號數字皆為得獎年度）。他闡明經濟重要觀念，引用靜態與動態分析，乃是有效之研究方法，廣泛用在各種經濟問題上。Becker（1992）則將經濟研究方法應用到其他不同領域，讓經濟學研究的視野更為寬廣，也增加了經濟學與其他學科共同獲獎之可能性。

　　探討經濟發展與成長是必然要面對之議題，在此方面上獲獎者，包括：Schultz and Lewis（1979）考慮了經濟發展中國家之特性；Solow（1987）把技術帶入成長理論之重要因子；Kuznets（1971）為經濟成長實證研究工作奠基。由於經濟並非一成不變地單一模式，經濟結構會有改變，Fogel and North（1993）乃以制度及經濟結構變化之研究而獲獎。然而，經濟發展的路徑雖有軌跡可循，但也常有巨幅變化，未來經濟好壞總是令人期待又無十足把握。

對於政府所應扮演之角色，學者看法頗有歧異。較傾向於凱因斯學派的Tobin（1981），以及Krugman（2008），均認為政府應該積極地進行公共支出來帶動經濟活動。至於另一派看法，Hayek（1974）、Friedman（1976）乃崇尚自由經濟思想，不贊成政府干預市場運作。政策主張截然不同的學者皆有得獎機會，蓋其主張在不同時期有不同適用性，似無一套放諸四海萬代皆準的必勝守則。

經濟分析須基於國民經濟統計，Stone（1984）為國民經濟統計作了重要貢獻；Leontief（1973）投入產出分析清楚地勾繪不同部門間的相互流量。然而，經濟之統計乃是立基於以市場上有交易者為基礎。至於環境品質、心理滿意度等，均無法在國民經濟統計中予以呈現，一直遭人詬病，但也始終難有完全替代的統計方式。

為進行經濟行為分析與經濟預測，須賴計量經濟學之紮實工作。Haavelmo（1989）建立了現代經濟計量學的基礎性指導原則；Klein（1980）在計量經濟模型建立與實證方面有深入探討，對於經濟預測有相當貢獻。此外，為克服資料處理之偏誤問題，Sargent and Sims（2001）、Engle and Granger（2003）均在資料處理上採用新作法增加精確性，引起諸多研究引用。然而龐雜而繁複的技巧耗去學術界不少心力，經濟問題癥結依然難解。

以簡化模型分析市場並不完整，常與實際脫節，於是出現新的研究主題以試圖拉近現實。諸如：政府決策行為與交易模式的制度因素，具有關鍵地位，此乃Buchanan（1986）所分析之主題。交易過程涉及交易成本，此為Coase（1991），Ostrom and Williamson（2009）獲獎之主題。此外，交易雙方對資訊認知不

同所造成的資訊不對稱理論，可解釋不少經濟現象，這是Akerlof, Spence and Stiglitz（2001）、Mirrles and Vickery（1996）獲獎之主題。另有一套重要的博奕理論，是雙方或多方在彼此互動中的行為反應方式，此為Harsanyi, Nash and Selten（1994）之探討主題。只要理論模型尚有不足，這些議題之繼續推演應是有增無減。

近年來在財務金融方面的分析，隨著全球金融活動膨脹而成熱門領域。Markowitz, Miller, and Sharpe（1990）； Fama, Hansen, and Shiller（2013）均屬此領域。其中最被貽笑大方地，乃是Merton and Scholes（1997）在得獎次年，以其公式所建立的基金卻因公式失效而破產告終。可見理論與實際差距甚多，財務金融市場的多變，衝撞著既有理論的侷限性。

除了上述議題外，尚有諸多得獎者之重要課題未能在此文盡列。諾貝爾經濟學獎的頒獎，肯定了學術耕耘者過去之貢獻，並可看出議題趨勢。對於未來，經濟問題頻仍，危機四伏，讓人苦惱費神，留給研究者不少探索的空間，希望能在將來年年的得獎名單中看到問題解決的曙光。

（工商時報，2013年11月1日）

少年Pi馳騁著風險之帆

　　李安電影「少年Pi的奇幻漂流」，創下多項佳績，叫好又叫座，引用最先進的3D攝影動畫科技，已獲國際影展中最佳影片與導演等多項大獎提名。更令人深思地，是少年與孟加拉虎因遭逢海難，在大海中互相防備而共度的270天傳奇，一人一虎在海上彼此對峙，無法為友，也無法消滅對方，少年必須不斷費神應變，有時要保持距離以求安全，有時要取魚餵虎以求自保。少年Pi說：孟加拉虎的存在，讓他一直活在對抗恐懼的風險中，日日激發了生命潛能，刻畫出精彩的奇幻際遇，而未在孤寂中自我放棄。

　　放諸經濟社會，不也是時時風險，處處猛虎？當金融風暴一來，每個企業、個人乃至於政府，均在風暴中掙扎。有的在風暴中滅頂，有的在破舟中苟延殘喘，有的則克服萬難等到風平浪靜，修復創痛。無論此刻如何風和雲高，天藍浪白，仍然不排除下一刻可能在睡夢中突然風雲變色，更何況近年來的金融風暴與經濟蕭條，頻率愈來愈密，規模愈來愈大。風險意識的認知，已是經濟社會必備之基本條件。

　　即使不是金融風暴，在承平時期，也是處處猛虎隨伺在側。世界經濟的運作，乃是各方競爭力較勁，今日強國不保證明日仍強，今日弱國不表示永不翻身，不留神中可能強弱易位。第一

個被冠以「日不落帝國」的國家為16世紀的西班牙帝國，幾乎各洲都有其殖民地；到了19世紀，西班牙沒落，日不落帝國的封號由大英帝國承接。但是20世紀中葉，隨著殖民地紛紛獨立與強權國家美國興起，第一強國改由美國掌旗。至於亞洲地區，自20世紀60年代以來，日本是僅次於美國的資本主義世界第二號經濟強國，維持30年高成長佳績，但1990年代以來，日本泡沫危機與經濟不景氣，讓日本風光年年褪色。鄰近的中國正磨拳擦掌，喊出超日趕美目標，擺出未來想取代美國強權之雄心態勢。

在企業之間，彼此之競爭也常是刀刀見血。芬蘭的手機大廠諾基亞（Nokia），自1865年成立至今，已有147年歷史，2002年會計年度之營業額占芬蘭全國公司營業稅收的21%，連續14年穩坐全球手機市占率冠軍寶座，為芬蘭國人驕傲。然而，在蘋果iphone及谷歌Android手機系統崛起後，諾基亞立即業績下滑，節節喪失領地。不少人分析，諾基亞是輸在太驕傲於守成，在智慧型手機市場的動作太慢。至於當今正夯的三星與蘋果之手機，除了科技不斷研發之外，彼此也透過法律相互訴訟，意圖把對手擠出市場。我國的宏達電也在這國際手機爭霸戰中有所參與。這場企業互爭雄長之戰，就在國際間熱騰騰上演，殺氣十足。

其實如狼似虎的競爭，正是進步的泉源動力。智慧型手機廠商為求占有市場，必是不斷推陳出新，這也讓消費者享受到生活與工作上諸多便利。對手本事愈是強悍，科技進步更是神速。如果這個市場沒有競爭，手機產品便不會進步。少年Pi感言：如果沒有對手的存在，可能他早就放棄了鬥志，捨棄了生命。因此在現實社會中，常見到沒有競爭的國營企業欠缺效率，也見到反托拉斯法與公平交易法要挺身防杜壟斷。

　　競爭有勝有敗，風險乃是常態。個人理財有賺賠風險，企業經營有起落風險，經濟局勢有順逆風險。即使不想冒險，只在原地踏步，遲早也有淘汰風險。在風險之帆上馳騁，是生存之道，也是脫胎換骨的機會。

　　人的一生，隨時有風險與恐懼。學童擔心課業問題，成年擔心就業問題，老年擔心衰病問題。在風險恐懼中，學童須努力學習，成年想努力打拼，老年會致力保健。與風險共存，與恐懼共度，這是生活中的平衡力，生命中的興奮劑。少年Pi心中對老虎深深感恩，他懂得把風險恐懼轉為正向力量。對每個人而言，如何馳騁風險，駕馭恐懼，活出翱翔的人生，如同電影中最後所說，由你自己去撰寫想說的故事吧！

（工商時報，2013年1月4日）

金融「灰犀牛」前的「地鼠」

　　「灰犀牛」一詞，乃2007年古根海姆獎得主，2009年世界經濟論壇全球青年領袖米歇爾渥克（Michele Wucker）的著書《灰犀牛：如何應對大概率危機》所提出，用來形容發生概率頗高，而影響巨大的潛在事件。灰犀牛生長在非洲草原，遠處可見卻不被留意，等它向你趨近追奔猛攻，已令人不知所措。該書作者渥克指出危機發生前後的五個階段，從否認危機、拖延對策、推諉責任、驚惶失措到匆忙應對。灰犀牛此詞已被應用在經濟界，形容各種金融重大事件，包括國內外數度金融風暴，多是其來有自，而這些事件之發生，讓金融界措手不及，政府也慌亂失措，往往事後檢討，發覺平日應可防範，總是錯失良機。

　　未能事前防範，與市場及政府之行為及心態有關。市場上每位個體多獨善其身，假設外界風風雨雨不會影響至個體，自己的行動不被市場看到，更不會影響市場走向，認為風雨可由他人解決，殊不知個體乃是市場助長力量的一份子，猶如在地底下鑽動以為不被發現，其實地表已經露出痕跡。而政府與社會猶豫觀望，延宕因應對策，怯於迎戰風雨，躲在避難洞中等候安全訊息才出洞。此種心態與作法，有如地鼠形貌，筆者此文則以地鼠形容此類心態行為。地鼠生產力旺，靈活敏捷，好在熟悉環境中活動，不愛風險與變遷。白天躲藏地下，夜間出外覓食，忙著神不知鬼不覺地積糧囤食，怠於提早出面圍堵危機，讓出了寬闊大

地，也就縱容了灰犀牛的逼近。

　　避免灰犀牛事件，必須改變地鼠心態。如果前車之鑑不被重視，事先未警覺潛在危機，或有意躲閃，危機便會一再重演。且看國內外歷史金融事件，可見眉目。話說1980年代，台灣發生若干金融機構崩壞事件，1982年亞洲信託投資公司、1985年台北十信、國泰信託、1995年彰化四信、1999年屏東東港信合社、2000年中聯信託等事件，每家機構經營失當，造成社會莫大恐慌，擠兌氣氛緊張。政府十萬火急出面整頓，方在社會元氣人傷之後方得平息。擠兌問題的發生，要追溯到平日民營金融機構經營失當問題，平日只是問題未爆，並非健全無虞。

　　有了此類經驗之後，並未能消除繼續發生擠兌的危機。1989年開放民營新設，乃是為了提昇銀行業之經營效率與競爭力，開放第一波即新設16家，銀行家數爆增，惜未仔細研擬其適切退場機制，平日風險管控機制未臻完善，終而發生若干問題銀行事件。以2007年1月中華銀行擠兌風波而言，經營者在銀行與相關產業間不當操作，財務嚴重惡化，無預期宣布其關係企業重整，主事者潛逃，市場譁然。這類事件，在金融制度規劃之初，原即明知潛在問題，惜未能免禍。為避免更多金融事件，政府遂在2000年代初期透過金融重建基金，積極處理了不少問題機構，可謂亡羊補牢之作，乃是問題坐大之前的有效措施。

　　1997金融危機，東南亞各國股匯市崩盤，連累到台灣，到了次年1998年亞洲各國開始復元之際，台灣竟然緊接著進入本土型金融風暴，股市中的地雷股一再引爆。原本企業體質虛胖，在國際經貿熱絡時資金得以調度，維持超高股價，但禁不起國際經貿震盪，資金調度失靈，一家一家上市公司股價紛紛應聲倒地，企

業體質危如累卵的長期脆弱問題方被清楚點出。

　　國際經驗也顯示出灰犀牛前地鼠縮頭現象。2008年金融海嘯發生前先有2007年次貸風暴，其實美國次級房貸充斥現象原本早有警訊，然而言者諄諄，聽者藐藐，再多的警示都無法逃離風暴的來臨。市場上每位個體行動前都把總體環境風險置之度外，無視於次貸過度泛濫的總體風險，積薪厝火，終至爆發金融海嘯。事後檢討之，皆深切反省到狹隘眼光的心態誤事。今年，正值金融海嘯後十年，陸續有人出言警惕下一波潛在危機，擔憂著下一隻灰犀牛的來臨。

　　歸納種種改革措施，包括：改善企業體質，整頓問題金融機構、加強風險管理、認清金融商品等等，陸續在金融風暴後出籠，無論何種措施，均不脫與健全制度有關。可見平日即須致力健全制度，確實執行，不宜偏安拖延。往後，在風平浪靜之日，即使灰犀牛遠處出現，是否社會仍像地鼠般，在原有安逸環境下進出，無視於灰犀牛的出現壯大？若是不再像地鼠般畏首畏尾，早點出洞面對，便可降低灰犀牛事件，只不過，改變這種地鼠心態，不易矣！

（工商時報，2018年12月7日）

從納許賽局理論看社經行徑

　　經濟學諾貝爾獎得主約翰・福布斯・納許二世（John Forbes Nash Jr.，1928年6月13日~2015年5月23日）車禍過世後，眾人紛紛談起他的賽局理論（Game Theory）。他乃是數學博士，卻得到經濟學諾貝爾獎，乃因他的理論可以運用來解釋多種經濟行為，有助經濟政策之研判。

　　賽局理論又稱為博奕論、對策論，包括不同賽局設計，例如合作與不合作、靜態與動態、完全與不完全信息等等，經過不少學者推論修改，發展出多套支派理論。賽局理論被運用到個人、經濟、產業、社會的諸多行為上，巧妙地解釋各種現象。

　　參加賽局的每一位都先假設對手將採取某種行動，對手行動可能對自己不利，在此推想下擬定自己因應策略，如果每一位參賽者皆採如此行動，結局是眾皆蒙受其害。該理論的典型例子是囚犯困境，兩個被隔開的囚犯面臨人性挑戰，每人都不相信對方，怕被對方出賣，遂供出對方犯罪實情，結果兩人都罪證確著，受到重罰。

　　產業競爭過程中常見賽局現象，企業之間有捉對廝殺，也有合縱連橫。以商品定價策略而言，公司常競相削價以爭取客戶，比賽誰的售價最為低廉（或買價最優厚），但激烈競價仍然客戶難求。1930年代大蕭條期間，華爾街銀行存款客戶紛紛領出儲

金，銀行競相提高存款利率，成為割頸性競爭，最後是政府祭出利率上限管制（Regulation Q）才化解升息僵局。

選舉過程便是一場短兵相接的賽局。在選舉過程中，為了求勝，無所不用其極。雖然常喊口號要採取乾淨選舉，但常彼此競相抹黑。蓋候選人擔心對手抹黑，因此急急搜集對方污點瑕疵作為攻擊焦點。你咬我啃，招招見血，成為一片烏雲密布的選舉文化，選民也在挑釁氛圍下，在投票箱前失去了冷靜理性。

談判必然會用到賽局思維。歐元區與希臘的政經談判，你來我往，歹戲拖棚。希臘賴住德國不會放任希臘不救，繼續賴帳；德國認為希臘不會枉顧大局永遠擺爛，繼續與希臘商量條件。這場賽局，拖拖拉拉，消耗不少時日與資源。

如果賽局過程中參賽者改變競爭態勢，互相約定，彼此合作，攻守同盟，或可獲得最佳結局。然而，合作的表相下，總是有偷偷違約者。商業間諜竊密暗槓，爾虞我詐，合作夥伴笑裏藏刀，反目成仇，都讓賽局變得詭異難測。此外，即使所有廠商緊密合作，形成聯合壟斷，眾寡懸殊，恐損及消費者權益，反成為公平交易法、反托拉斯法的規範對象，必須維持市場競爭態勢。

懂得賽局理論，不保證可以獲勝。勝者必須正確掌握賽局中每一位出手的策略，正確為自己判定適切因應方向，才能在賽局中求得勝算。三國演義中的孔明妙計「草船借箭」「空城計」，乃是掌握了對手的心理反應與行為模式，刻意設計引領對手出招，反敗為勝，獲千古讚嘆。如今在多變的社經環境中，資訊更為通達，情境更為繁複，要如孔明般聰慧用計獲勝，頗為不易，可需相當功力。

電影「美麗境界」（A Beautiful Mind）以強烈的手法描述納許的迷亂心境，震撼所有觀眾。他活在處處賽局的思維下，在現實與幻覺中遊走，變成精神病患，所幸靠著自己毅力與妻子關愛，讓他能夠站起來，獲得諾貝爾獎，享受到世界的美麗。那麼，國內外社會在這處處僵局的環境下，能否跨過迷亂，認清賽局陷阱，走出惡質情境，河清海晏，時和歲豐，步向美麗境界努力，非得更多的努力不可。

（工商時報，2015年12月5日）

貳、金融危機

- 中南美洲金融危機對台灣之警惕
- 國際貨幣基金在亞洲金融風暴中之角色
- 英美雙V閘門　　金融海嘯之後
- 歐元區貨幣、財政、金融的三大整合泥沼
- 歐債國家路徑分途
- 金融穩定交響樂團
- QE流行潮 從東京、華盛頓到法蘭克福

中南美洲金融危機對台灣之警惕

揮不去的金融危機陰霾

中南美洲一直有金融風暴疑雲。以墨西哥而言，自1970年代以來，至少有過三次金融危機，分別發生在1976年、1982年與1994年。巴西在1999年時，發生嚴重的金融風暴，影響所及，不但拉丁美洲，乃至於歐美的股市都為之崩盤。2001年下半年，阿根廷發生嚴重的經濟金融風暴，一度告急。至於巴拉圭，其位於南美洲的巴西、阿根廷之鄰。在1995至1998年間曾有三次金融危機，本國銀行倒閉甚多，民眾普遍對本國貨幣失去信心。2002年時委內瑞拉發生政變，經濟情勢也難以穩定。

無論是墨西哥、巴西、阿根廷、巴拉圭、委內瑞拉，均在中南美洲。這些中南美洲的金融風暴經驗，顯示出：無論大國或小國，倘若金融體質脆弱，金融情勢不穩，很可能在國內外情勢牽動下便爆發金融風暴。其經驗頗值得我國警惕，仔細省思。

拉丁美洲金融風暴經驗

本文以墨西哥、阿根廷、巴西、巴拉圭為例，簡述其金融風暴經驗及其成因。

（一）墨西哥

以1994年墨西哥金融風暴經驗為例，該年12月5日，其政府宣布其貨幣披索（Peso）貶值15％，此項宣布出乎許多國內外投資者意料之外，造成資金外流。兩天內損失40億外匯存底。12月22日，政府宣布披索採自由浮動匯率，進一步引起人眾對於該國償付短期負債能力之懷疑。至1995年3月，墨西哥股市跌了超過40％，而披索貶值超過70％，短期利率漲至85％。此危機自墨西哥擴散至拉丁美洲與亞洲。最後，美國、國際貨幣基金（IMF）、國際清算銀行（BIS）提出巨額資金來協助該國，慢慢平息該國風暴。

評論者指出，此風暴之產生可歸因於三大因素：一為1990年代初期大量資本流入，在1993年時其金額幾占GDP的10％；二為貨幣當局錯誤的政策，即使通貨膨脹問題嚴重，仍採用貶值政策；三為選舉所造成的擴張政策，總統大選六年一次，隨而金融體系也呈現出週期性的金融風暴。

（二）阿根廷

阿根廷政府因採聯繫匯率制度，披索與美元呈1比1的固定關係，造成阿國出口大衰退。因極度偏高的幣值，使阿國經常帳入超擴大，無法賺取外匯償還外債本息。貶值的壓力升高也使外資卻步，經常帳與金融帳雙雙出現赤字，國內資金也大量外流，出現所謂「資本逃避」的現象。這也使得國內利率不斷攀升，景氣衰退更加嚴重，政府財政赤字猛增。

阿根廷自1998年以來已連續三年半深陷於經濟衰退，2001年外債高達1,320億美元，不時面臨遲延履約的窘境。近來阿根廷失業率飆升至18％，百業凋敝，民眾苦不堪言。二度擔任經濟部長的卡瓦洛就是當年聯繫匯率制度的始作俑者，也是2001年以來阿根廷第三位經濟部長。一上任便大刀闊斧推行一連串緊縮政府開支、維繫銀行運作的措施。其新一項做法是部份凍結民眾在銀行的存款，不准提領，每個國民每月最多只能從銀行提取一千美元現金（約台幣三萬五千元），以及前政府稍早變相沒收民眾的退休金，結果引爆蓄積已久的民怨，情勢一發不可收拾。

在貶值壓力下阿根廷宣佈採雙軌匯率制，披索對美元官方匯率貶值29％，也就是由原先1披索兌1美元的匯率調整為1.40披索兌1美元。雙軌制的內容為：適用於進出口及其他資本移動的固定官方匯率為1.40披索兌1美元；但一般民眾必須以自由浮動匯率在公開市場購買美元。經濟學家多認為此項雙軌匯率制度將難以管理。這種種新措施令1990年代阿根廷國有企業民營化時大舉前來投22資的外國公司大為不滿。

（三）巴西

1999年1月，在國內政爭急劇升高之際，巴西央行總裁佛南柯突然辭職，在此同時，巴西央行宣佈擴大匯率浮動區間為8％，巴西里爾（貨幣名）隨即大貶。由於巴西情勢失控，造成全球股匯市大跌，從亞洲、歐洲、美國到拉丁美洲股市一片哀鴻，拉丁美洲貨幣全面巨貶，咖啡等商品價格亦邊挫。

在擔心拉丁美洲可能成為下一個經濟風暴的陰影下，歐洲股市一片漆黑，倫敦金融時報百種指數大跌，巴黎證商公會40種指數重挫，法蘭克福DAX指數重挫，馬德里股市創下史上第三大跌點，東歐的布達佩斯與莫斯科股市亦均狂跌。

拉丁美洲更是慘不忍睹。不但事件主角的巴西一開盤即狂瀉，迫使交易一度暫停，阿根廷、墨西哥、智利與委內瑞拉的股市亦大跌。

（四）巴拉圭

位於巴西、阿根廷之間的小國——巴拉圭，原採固定匯率制度與美元聯繫。自1989年開始實施管理浮動匯率制度，資金自由進出。然而，匯率自由化並未搭配健全的國內金融體系。1990年代，墨西哥金融風暴發生，拉丁美洲國家也深受衝擊。金融體系脆弱的巴拉圭自難倖免。1995年至1998年間，巴國發生三次金融危機，巴幣大幅貶值，雖然政府釋出外幣以穩定巴國幣值，成效也不彰，以致外匯存底不斷降低。金融風暴發生以來，本國銀行紛紛倒閉，1995年時本國銀行原有34家，金融風暴發生之後至2001年只剩20家，凸顯出本國銀行經營不善的嚴重問題。1995年

中期巴國爆發金融危機，至1999年止，計有11家銀行與28家融資公司倒閉，本國金融機構幾乎全部滅頂，剩下一家公營銀行與三、四家民營銀行，而該公營銀行的逾放比高達47％，民眾紛紛將資金自本國提出，存入外國銀行。

1989年巴國政府開始推動金融自由化，政府放寬金融機構設立門檻，許多新銀行與融資公司紛紛設立，惟當時金融監理機制及法律規範並未配合加強。1994年底，巴國銀行與融資公司家數約達100家，不但金融機構家數有過多的現象，同時，許多新設金融機構並不具規模經濟，成本過高，不具獲利性。1995年時，34家銀行中已有10家資本額不足，惟該等銀行業者透過遊說團體的運作，成功地避免金檢單位對其實施較嚴格的資本要求。因此銀行風險評估能力低落，同時將資金廣泛貸給關係企業，經營體質日趨孱弱。

巴拉圭金融風暴造成多項後遺症，金融機構體質惡化，利率跳升。以2001年底言，巴拉圭貨幣平均放款利率為46.5％，存款利率為10.0％，其存放利差高達36.5％，銀行競爭力之低落是可想而知的。至於外商銀行的美元存款，2001年的平均放款利率為9.8％，存款利率為1.9％，利差為7.9％，遠比本國銀行之利差為小。外國貨幣與本國貨幣占總存款比重分別達66.2％與33.8％。

由於民眾之貨幣信心不足，儲蓄意願低落，在銀行的存款多為短期資金，缺乏中長期資金，使銀行體系未能扮演金融中介應有的角色，未將社會儲蓄導入投資，影響巴國之經濟發展。

2000年以來，巴拉圭政府在通貨膨脹問題上已將物價控制在合理範圍內，且陸續推動若干金融改革，外國金融機構之運作也大致穩定。目前巴拉圭金融局勢漸趨穩定，金融法規日趨健全，

可謂是風暴後的再生，但已付出慘痛教訓。

對台灣之警惕

這些中南美洲國家大致上出現若干共同現象：貨幣與外匯政策失當，金融體系落後，銀行經營績效不彰，不良債權情況嚴重，銀行信用不佳，利率結構失當，致使民眾儲蓄意願低落，即使稍有儲蓄亦多存至外國銀行，處處呈現出金融風暴的後遺症。

由拉丁美洲金融風暴經驗顯示：欲有效防範金融風暴，須事先注意許多問題，引以為鑑。本文提出下列建議，以供參酌：

（一）避免對貨幣信心之斲傷

任何金融風暴均起源於貨幣信心之崩潰。以巴拉圭而言，1995至1998年金融風暴的發生，巴國人民對於巴幣信心不足，存款均自本國銀行流轉至外國銀行；一旦貨幣信心喪失，則種種金融問題浮上檯面，金融風暴便不遠矣。1999年巴西央行總裁突然辭職以及巴幣重貶政策，使投資者信心毀滅。因此，避免斲傷貨幣信心，乃是切切不可掉以輕心之主軸。

（二）金融體質健全是防杜金融風暴之前提

在鄰近國家產生金融風暴波潮時，倘若本國金融機構體質健全，便不愁外來衝擊。但是，開發中國家銀行體質脆弱，貨幣市場與資本市場尚為初步發展階段，股票交易量不大；保險市場規

模小，加以金融商品有限且交易量亦不大，使得金融市場仍處於低度發展的階段，這卻成了金融風暴可能肆虐之溫床。

（三）本國金融機構競爭力不足將喪失本國市場

巴拉圭本國銀行與其他金融機構在金融風暴期間大量倒閉，外商銀行取而代之，佔有了約六、七成以上的資金市場。顯示：在國際競爭壓力強的環境裡，若本國金融機構競爭力太弱，一旦政府的保護傘掀去，則外國銀行便極可能取而代之。

（四）適切的匯率制度頗為關鍵

金融風暴的引爆點常在外匯市場，由於匯率水準不恰當，未反映出經濟基本面體質以及外匯市場供需。例如，阿根廷原採釘住美元匯率制度，其幣值隨美元升值而高漲，對出口造成不利影響。因此，阿根廷未適時調整匯率政策以消除預期心理，乃是其金融危機一大肇因。至於墨西哥在通貨膨脹期間仍採貶值政策，更是說明：錯誤的政策足以導致金融的崩潰。

（五）保持資金流動性以消除恐慌心態

資金市場保持流動性，使資金供需雙方可以無障礙地自金融機構提存，可消除民眾對資產喪失之疑慮。阿根廷2001年金融危機的導火線，便是政府限制民眾自銀行機構提款之額度，反而造成擠兌風潮。這種恐慌氣氛，是為大忌，應予避免。

（六）維持經濟體質健全平衡

阿根廷的貿易赤字、巴拉圭的財政赤字、經濟基本面的失衡，造成金融面失衡。這多是長期錯誤政策的導引，過度投資、大量舉債，使得市場調節自動穩定機能喪失。

（七）勿為政治而犧牲經濟

墨西哥金融風暴的產生，原因之一在於選舉時，採用過度擴張的錯誤政策。1976、1982、1994年三次金融風暴，各間隔六年與十二年，反映出六年一次的總統大選週期，與金融風暴週期息息相關（只有1988年避過）。政客錯誤地為政治目的而付出經濟代價，期期不可，切要戒之。

他山之石可以攻錯，這些國家已經歷過多次金融風暴，付出慘痛教訓，難道我們要視若無睹，等到重蹈覆轍時再反悔乎？反觀台灣，金融體質未臻健全，民眾信心不足、政治紛爭不斷。針對上述多項問題，豈能不深自省思！若無遠慮，恐有近憂，我們宜好自警惕，及早修正，以防範危機於未然。

（《經濟前瞻》第81期，中華經濟研究院，2002年5月）

國際貨幣基金在亞洲金融風暴中之角色

　　亞洲金融風暴發生後，國際間部段呼籲國際組織能夠挺身而出，期能有效結合各國力量，協力消弭金融風暴。國際貨幣基金（International Monetary Fund，簡稱：IMF）乃是一個頗具代表性的國際貨幣機構，其成立旨在解決短期國際金融問題，其角色一直頗受各方注目。在此次金融風暴中，到底IMF對這些風暴國家提供什麼協助？是否已發揮其應有角色？將來應朝那些方向轉型？

IMF定位之基本理念

　　IMF在1946年成立，其宗旨明訂為：（1）透過一個永久性機構，共同諮商國際貨幣問題，以增進國際貨幣金融合作；（2）促進國際貿易之擴張及平衡發展，藉以協助所有會員國提升，並維持高水準的就業及實質所得，帶動所有會員國生產資源之開發；（3）促使國際匯率穩定，維持所有會員國間有秩序的匯率，並避免競爭性的貨幣貶值；（4）針對會員國間經常性交易需要，協助建立多邊支付制度，並取消有礙世界貿易成長之各

種匯兌限制；（5）在有充分保障的情形下，將基金的資源提供給會員國，讓他們有機會矯正國際收支之失衡，因而增強其信心，不必被迫採取有害其他會員國國家或國際收支的政策措施；（6）依照上述各項縮短各會員國國際收支失衡之期間，並減輕其失衡之程度。

IMF之成立，其基本理念如何？一般而言，自由主義理論強調透過「市場價格機能」來調節供給與需求的動態均衡，藉此達成資源利用與配置的效率極佳化。一旦市場失靈時，方由政府介入。IMF大致上便是在此理念下醞釀產生的。至於進一步闡釋，學者間則有不同看法，大致可歸納如下：

就公共財論點來看：IMF的成立與運作，不僅有助於生產性資本在各國之間的流動，並能促進全球的貿易擴張與均衡成長。

就國際典則論來看：國際匯率秩序的形成及其穩定，有賴於各國尋一定的規則與習慣。

霸權穩定論：主張國際金融秩序的維持，必須要有一個有能力，且有意願的領導國家來負責管理之。而在這種觀念下所衍生出來的主張，便是認同美國在IMF所扮演的強勢領導地位。

無論是公共財理論，或國際典則的約定，或霸權國家的支撐力量，均是基於市場失靈所採取的干預措施。其實，IMF所開出的藥方，雖是本著自由經濟或新古典學派之看法，整頓經濟體質與制度，但有些措施乃是有強烈的凱因斯學派色彩，亦即政府強力介入市場，而其成效往往見仁見智，爭議一直不斷。

IMF對風暴國家處理之原則

　　一般而言，IMF對會員國提出援助時，多會要求受援國也做出配合之整頓措施，一般對於風暴受援國提出的條件包括：（1）緊縮措施（如減少公共支出、降低補助額）；（2）緊縮性貨幣政策；（3）外匯交易自由化與匯率一元化；（4）利率自由化；（5）增加公用事業與公共服務之費率（如：油電價格、食品與基本原料）；以及（6）金融重整。

　　IMF認為結構性改革應直搗金融體系之重要缺失與其管理上的詬病，否則，若金融機構的弊病不解決，貨幣政策的效果必大打折扣，而財政政策也會因政府保證了太多債務而失去意義。而根據IMF在1999年元月所提供的一份報告所載，IMF對風暴國家提供援助之基本策略也是秉持著這些想法，包括三方面：（1）採用結構性改革：重建金融體系，並採相對應措施以處使經濟持續成長，以求建立信心並阻止資本外流；（2）調整總體政策，如包括用溫和性的財政緊鎖政策，以改善惡化的財政狀況，並彌補金融部門重建之執行成本。用緊縮貨幣政策來限制資本流竄。降低匯率貶值之壓力，避免匯率過度調整以致於超過反映基本面的實質匯率之應有幅度。因為過度調整的匯率可能造成通貨膨脹，形成競爭國的出口壓力而損及世界貿易穩定體系；（3）提出大額融資方案，協助恢復信心。由IMF出面，協調會員國對風暴國家提供資金援助。

　　由於IMF提出的方案涉及多項金融改革，金融改革可能涉及危機之進一步擴散，故破產過程須儘速處理。因此，相關機構均

提出因應措施，例如：世界銀行，亞洲開發銀行亦加入援助行列。

IMF要求各風暴國家配合措施

在此次1997年7月以來的亞洲金融風暴中，IMF對風暴國家提供支持，給各國額度不同的貸款，也同時要求這些國家採取配合性措施，茲以泰國、印尼、韓國為例，說明IMF與這些國家諮商援助過程時，要求受援國家也提出若干配合措施，簡述於下：

（一）泰國

1997年8月20日，IMF提供泰國29億SDR，或約40億美元之支援。

泰國須配合的措施為：（1）不良金融機構（含56家融資公司）之認定與關閉，重整銀行體系；（2）矯正財政赤字，使之由財政赤字轉為財政盈餘，且盈餘佔GNP比率應為1%；（3）調整貨幣政策，泰銖採管理浮動匯率；（4）提昇效率措施，加強私部門之角色，推動民營化。

接著在1997年11月25日、1998年2月24日、1998年5月26日、1998年8月25日、1998年12月1日，陸續提出各項修正方案與措施。

（二）印尼

至1997年11月5日，IMF核准7億SDR或約100億美元之額度以協助印尼。

印尼的配合措施為：（1）金融部門重整，關閉不佳之金融機構，關閉全國性銀行，設時間表來處理問題機構；（2）結構改革，加強經濟效率與透明度，外資與投資自由化，破除獨佔優勢，增加自由化策略；（3）透過緊縮性貨幣政策與浮動匯率政策以穩定印尼盾；（4）設立財政盈餘目標為1%GNP（1997/98），2%GDP（1998/99），以支持外在調整與金融重整。財政政策內容包括降低公共支出，延緩主要大企業與公共工程，削減政府補貼，去除加值稅減免額，調整油電價格等。

接著在1998年1月15日、1998年4月10日、1998年6月24日、1998年7月29日、1998年9月11日、1998年10月19日、以及1998年11月13日陸續提出各項協助方案與措施。

（三）韓國

1997年12月4日，IMF核准155億SDR或210億美元以協助韓國。最初之經濟革新計畫採取1998年經濟成長率目標為2.5%。

韓國的配合措施為：（1）各種金融機構重整、強化市場和監管紀律、央行獨立、關閉破產的商業銀行、政府資本介入兩家大商業銀行、所有有不適當資本的商業銀行要重新投資；（2）2%GDP用於金融機構重整；（3）使政府、銀行、企業間透明化、效率化；（4）貿易自由化；（5）開放韓圜、債券、資本

流動及外商直接投資,使資本帳自由化;(6)勞動市場革新;
(7)公布主要的經濟與金融資料。

接著在1997年12月24日、1998年1月7日、1998年2月7日、
1998年5月2日、1998年7月24日,及1998年11月13日,陸續提出各
項協助方案與措施。

大致而言,上述要求,基本精神乃是傾向於緊縮性的措施,
並在緊縮之際同時健全其金融與產業體質。換言之,一般而言,
上述措施之內容有其共通性,例如:金融改革,緊縮措施、控制
財政、民營化等等。例如:要求印尼減少政府支出、整頓金融、
關閉周轉不靈的銀行;要求泰國關閉金融公司;要求韓國政府減
少對企業之政策性貸款等等。至於馬來西亞與菲律賓也有相思要
求,例如IMF也要求馬來西亞減少政府支出,並延緩重大公共建
設及軍事採購計畫;且IMF已早就介入菲律賓之經濟體制。

對IMF之批評

儘管IMF已執行若干措施試圖解決國際間金融問題,而其本
身之評估也多正面,但未必獲得大眾正面評價。尤其此次亞洲金
融風暴的風波拖延甚久而未能解決,更引起不少人對IMF角色與
功效的質疑。這些質疑點包括:

1. IMF在功過認定上的問題:有人認為,在IMF要求各國改
   變作法之後,如果成功了,IMF就會把新的作法宣揚為其
   本身的功績。至於採取IMF對策而仍然未能轉危為安的國

家，IMF則一律將責任推到這些國家的政府，說他們不能認真地在每一項IMF建議的行動上均徹底執行，導致失敗。

2. IMF措施妥切性問題：多篇研究報告（包括哈佛大學沙克斯教授）認為，IMF對各國就及方案有嚴重偏誤。一般而言，IMF要求各國的配合措施為新古典學派的想法，並不適合開發中而體質未臻健全的國家。

3. IMF引發道德危機問題：墨西哥紓困方案誘使亞洲金融風暴於兩年後爆發。因為IMF鼓勵個人和金融機構借款及投資給東亞國家。該地區的高利率和投資報酬率成為吸引投資人的重大誘因；至於匯率風險，投資人確信，若是發生不測致使匯率產生風險，IMF一定會幫他們脫困。這種效果就被稱之為「道德危機」。

4. IMF未顧及各國之政經背景：IMF改革方式不適合各國國情，往往引發政治經濟上更大的動盪，忽略了改革行動時所應付出的社會成本。印尼在金融風暴後且IMF強力介入時，產生政治動盪便是一例。

5. IMF改革措施過於強烈：IMF較偏好運用「財政緊縮」及「通貨貶值」之藥方。然而這次東亞金融風暴是因銀行經營不善及投資過度所引起，IMF未能對症下藥，反而使危機惡化。換言之，當某國市場機能不彰時，並不宜要求該國在緊縮的狀態下讓市場供需自行解決，而凱因斯學派的政府強力介入方式開始受到重視。

6. IMF欠缺機動性問題：IMF在應付問題時，欠缺機動性。

《金融時報》（Financial Times）曾提及IMF的三個缺失：
（1）沒有足夠的資金來支應負債；（2）資金的提供不夠
快速；（3）援助條件不足以用來還債。

7. IMF組織效率問題：IMF不斷擴大，業務範圍持續擴充，
計劃經費越來越大，然而，由於金融環境已與過去迥異，
IMF的角色、任務到底應如何調整，未來重點方向何在？
這些問題常引起爭論，未能取信於眾人。

IMF未來發展方向

對於IMF未來的角色，已有不同的論調出現，有些人肯定其
功能，但有些人採批評態度要求改革，甚至關閉。可歸納各種主
張如下：

1. 維持原有IMF架構：有些人認為IMF仍有相當功能，至少
有助於短期國際金融之穩定。英國財政大臣布朗表示，改
革金融架構並不需要設立新的機構。各國不應削弱對IMF
及世界銀行的支持，反而是要設定自律的規則來加強此類
組織的功能。各國政府必須設定明確、長期的政策目標，
俾立建立信心以及堅持開放決策，維持市場的資訊流通，
與確保政策目標及國際機構值得信賴。

2. 在IMF之下增添附屬功能：有人建議IMF成立擔保用的信
用機構，當債務國發生流動性危機時，能迅速撥款應急，
再由該國未來出口的貿易盈餘中扣回，以期降低投機客逮

住債務國外匯空虛發動攻擊的風險，同時也能吸引各國維持開放資本市場與自由貿易，這對新興市場尤其重要。

3. 合併IMF與世界銀行：既然IMF與世界銀行均為解決國際間經濟金融問題，但其作法與步調不完全一致。世界銀行著重長期問題，IMF則著重短期問題，而欲解決一國之經濟金融問題，往往短期與長期問題要全盤考慮。這兩個單位各自為政，有時主張悖離。故而有人建議把兩個單位合併，重新架構。

4. 關閉IMF：這是諾貝爾經濟學獎得主傅利曼的主張，他認為眼前的危機並不是市場失效的結果，反之，是政府過度干預或政府試圖取代市場的結果，是政府錯誤地釘住匯率引發投機者下注所造成的。因此，他認為不需有政府的干預，在一個國家是如此，在全球也是如此，故不需要IMF這樣的單位。

總而言之，此次金融風暴下，IMF雖然挺身而出，提供資金援助，並與受援國家協商改革條件，但其成效並未能獲得各方認定。其實，在短期國際金融穩定上，IMF或多或少發揮了若干功能，由於金融風暴尚未完全過去，IMF的成效尚需時日以進一步全面評估。不過，無論如何，此次金融風暴乃是IMF未來如何定位與發展之重大試煉。

（《經濟前瞻》第62期，中華經濟研究院，1999年3月）

英美雙 V 閘門：金融海嘯之後

金融海嘯後歐美先進國家紛紛提出金融改革報告，美國有 Volker Rule（伏克爾法則），英國有 Vickers Report（維克斯報告），均擬收回原來釋放給金融機構從事的多樣業務，關起開放的閘門。筆者將之稱為「英美雙V閘門」。

上述兩項重大改革，均是在金融海嘯之後，從金融開放轉為封閉，顯然是向已開放的市場挑戰，這也透露出，全球金融發展的走向，但非一路開放直衝下去，有了暫停開放以省思的空間。這樣的改革，也引起諸多討論。

Vickers Report（維克斯報告）的圈護爭議

英國銀行業獨立委員會（Independent Commission on Banking, ICB）於2011年9月12日宣布一份金融改革報告，以該委員會主席 Vickers 之名而稱為維克斯報告（Vickers Report）。最受關注的內容是「圈護」（ring-fence），旨在：英國必須將零售銀行予以圈護，把零售銀行業務予以獨立出來，與投資銀行及批發銀行的業務分離，意在將風險予以隔離。圈護範圍包含所有的零售與小企業存款與透支額。投資銀行活動必須在圈護外，包含衍生性商

品、債券與股票承銷、有價證券投資與交易等。銀行可自由決定是否將其他活動如消費者放款、企業放款以及貿易融資置於圈護範圍內。此項變革乃是認為：投資銀行業務的風險比零售銀行的業務為高，將風險予以隔離，避免相互傳染。

此改革報告中，對於大銀行與小銀行的要求亦有不同，規模愈大者，對於風險規避的要求更高。若該銀行的風險性資產規模占GDP之比率低於1%，則不要求緩衝資本，且普通股權益比率之最低要求為7%。倘若該銀行的風險性資產規模占GDP比率大於3%，則緩衝資本要求達3%，普通股權益比率之最低要求為10%。至於規模介於中間者，便是依其規模之增加的幅度而增加資本要求。

此措施將對英國銀行業有相當衝擊，銀行界意見紛紛，尤其對英國最大的兩家銀行Barclays與RBS所受衝擊可能最大。

Volker Rule（伏克爾法則）的現實觸礁

在金融海嘯之後，美國歐巴馬總統於2010年7月21日簽署公布Dodd-Frank法案，預計兩年內要落實。改革報告出爐看來是風馳雷行，但是執行起來則捉襟見肘。其中最具爭議者為Volker Rule（採前聯準會主席Paul Volker之名），旨在限制銀行業的投機行為，授權監理機關訂定禁止銀行、銀行之關係企業、銀行控股公司以自有資金從事自營交易，限制銀行投資避險基金及私募股權基金之比率。

在兩年期期限屆滿前，各界意見紛至踏來，對伏克爾法則的適用性，爭議不斷。終在2012年4月19日，美國聯準會（Fed）及其他4個金管單位宣布，再給銀行業2年時間，至2014年7月21日方實施資產交易限制。《金融時報》報導指出，2012年11月美國大選在即，如果不贊成該法案的美國共和黨議員大選獲勝，法規甚至可能在付諸實行前就夭折。

開放走回管制的必然反彈

從管制走向開放，總是易獲市場掌聲，得到業者支持。但是從開放走回管制，業者既有業務面臨縮減，現有客戶必須放棄，必然反彈聲浪沸騰，爭議不絕。

一般而言，在經濟發展初期，政府多會採管制措施，尤其金融業乃特許行業，多對業界經營範圍多所設限。隨著經濟發展與金融擴張，政府會逐漸開放金融業務。然而，如果未能建好風險防範機制。一旦意識到風險膨脹到不堪承受，政府反而逆行而取消原開放的措施，則必然會引起市場譁然，業者蹙眉。

Volker Rule與Vickers Report之反對意見臚列充斥，可見業者的轉型感到痛楚，而主管機關有令難出，陷入監理困境。在等待最終方案定案的時刻前，則是各方揮刀舞劍、力疾奔走的戲碼陸續上演。

金控與綜合型銀行之歷史抉擇

金融開放有多種抉擇模式，最好在開放之初便思慮周全，以免事後由開放轉向管制時問題重重。以歐洲綜合銀行體制而言，乃是容許一個金融機構可提供多樣金融服務，聯結了存放款、證券、保險等多重業務，如同金融百貨般地提供多元服務。如此的金融型態，固然讓客戶感受方便性，但是各種業務之間需要風險防火牆，除非業者本身確實清楚劃明，否則風險極可能相互滲透傳遞，造成更大風險。

台灣在2001年考慮金融體制改變時，便曾討論過金融股控公司與綜合性銀行的利弊得失，最後政府選擇了金融控股公司，通過「金融控股公司法」。此抉擇原因之一在於金融控股公司之下的各子公司財務獨立，經營分層，關於風險防火牆的搭築上較為堅牢，在金融監理的架構上也較為明確。

而今，眼見歐洲綜合性銀行業務開始限縮，也顯示出綜合性銀行體制的缺失，即使先進的歐美，也無法在開放過程中完全有效防弊。台灣當時沒有一頭栽進去，也給了自己進退的空間。

金融開放在最適處止步

金融海嘯後，全球重新思考金融監管的架構與金融機構業務

的範圍。金融開放已不是唯一選項，必要時仍須回頭。在風險無法掌控之前，便應立即踩動剎車，關起閘門。這成為金融海嘯之後，全球金融監理上的保守思潮。

關起閘門，並不代表全面凍結，畢竟開放所帶來的效率提昇乃是不容放棄的市場利益；惟開放有其限度，須在開放與管制之間找到最適開放度。付出了金融危機的嚴重代價之後，目前開放暫時止步，接下來，便是尋求最適開放度的課題了。

（《台灣銀行家月刊》第33期，台灣金融研訓院，2012年9月）

歐元區貨幣、財政、金融的
三大整合泥沼

　　歐洲貨幣整合之後，弊病陸續浮現，尤其是2010年歐債危機肇致經濟下滑，暴露出歐元區各國在統一貨幣下相互牽制的缺失。為了解決歐債問題，德國要求歐元各國厲行財政節約。此外，歐洲也推動銀行聯盟，擬統合金融監理與重建的機制。換言之，不但貨幣已經統一，財政與金融也啟動了整合規劃。然而，整合的效果未看見，歐洲經濟仍未能從歐債危機中起死回生，不但該區邊緣國家經濟不佳，連龍頭老大德國都有未來經濟成長可能掛零的擔憂。

　　歐洲經濟在2014年持續疲軟，法國和義大利等國幾乎陷入經濟停滯，作為火車頭的德國經濟更讓人擔憂。德國8月工業訂單比7月下降5.7%，創下自2009年以來的單月最大跌幅，第二季GDP衰退0.2%，德國智庫IFO公布的商業景氣指數10月的數據已經觸及2013年4月以來最低點，德國經濟研究院把2014年的經濟增長率往下調整了0.6%，該院院長Marcel Fratzscher擔心未來五年是否會陷入停滯性通貨膨脹。10月25日經濟學人雜誌（Economist）甚至以世界最大的經濟問題看待歐元區。

　　財政節約政策成為眾矢之的。在歐債危機爆發之後，2011年起歐盟委員會和國際貨幣基金組織要求歐盟國家採取嚴格的節

約財政政策，限制政府公共開支，以降低各國財政赤字與公共債務。實施4年的節約政策後，在財政上有其成效。2014年第一季，歐元區和歐盟國家的政府財政赤字與GDP的比例分別為2.7%和1.9%，超額完成了歐盟3%的政策目標，24個「過度赤字」國家減少到11個。然而，縮減支出會降低有效需求，自也削弱景氣復蘇的力道，在經濟蕭條時縮減公共支出猶如雪上加霜，義大利總理與法國經濟部長均表達了撙節財政不利經濟之看法。有鑑於此，是否會有某些國家在未來率先起跑，增加財政支出以啟動經濟活力，讓財政聯盟破局呢？

銀行聯盟（Banking Union）是歐洲力圖振作的另一個統合措施。根據歐債危機經驗，為了拯救搖搖欲墜的體質脆弱銀行，總是由歐洲中央銀行等機構在危急中出手相救。因此，在歐債危機之後，為健全金融業體質，擬成立統一的銀行聯盟，推動單一監理機制（SSM）與單一重建機制（SRM）。為檢視歐元區內大銀行的健全程度，歐洲央行歷時9個月，對歐元區內各大銀行的資產進行清查和評估，進行壓力測試。10月26日公布結果，歐元區130家最大銀行中有24家沒能通過壓力測試，比去年之未通過家數減少，但資金短缺金額則自2013年底250億歐元增至2014年400億歐元。這24家未通過銀行中義大利便占了9家，問題最為嚴重。各國金融體質強弱不一，能否在各國共識下同步改進制度，是穩定該區金融信心之關鍵。

無論貨幣、財政或金融的統合，都是一場又一場的艱難硬戰。畢竟各國的政治利益立場不同，經濟背景各異。採用統一的經濟措施，如何能夠同步解決各國的經濟問題？目前看來，歐元區應是不作分裂打算，仍繼續朝著更多整合與協議的方向努力著，恐怕還要付出好幾年的代價來調整體質。或許，在這三大整

合之外，其他方面也會陸續出現整合構想，這一路走下去，會發展成何種風貌？

　　市場上並不全然悲觀，若干民眾仍具信心。據報導，經季節調整後，歐元區10月製造業採購經理人指數（PMI）由9月所創14個月低位意外小幅升高，德國、西班牙、荷蘭及愛爾蘭擴張，抵消其他地區收縮，且期內油價下跌令投入成本降低。樂觀者認為：即使不易經濟躍升，也不至於全然崩潰，日本可以度過多年蕭條，歐洲也可度過。悲觀與樂觀的看法並存，歐洲一方面努力邁向夢想中的整合美景，一方面填補千瘡百孔的整合後果，拉扯之中，時喜時悲。歐洲央行、歐盟以及德國等等有影響力的決策者，務必要提出有效而務實的政策措施，以改善此一困局。

（工商時報，2014年11月7日）

歐債國家路徑分途

　　歐債危機已非新鮮事，然國際媒體依然報導不斷，尤其屢次希臘與歐盟談判生變之際，各界輿論譁然，金融市場紛亂。檢視2010年爆發歐債危機的歐洲五國，曾被美國新聞週刊專欄文章戲稱為歐豬五國（PIIGS）的葡萄牙、愛爾蘭、義大利、希臘、西班牙，至今四、五年來，發展路徑不同。有些依然在泥淖中打滾，有些則如浴火鳳凰重躍經貿舞台，其路徑歧異，可從各國之經濟成長率、國家債務、社會氛圍來觀察之。

　　一般所謂歐債危機五國，其2014年GDP產值依大小依序為義大利（21443億美元）、西班牙（14043億美元）、愛爾蘭（2459億美元）、希臘（2376億美元）、葡萄牙（2296億美元）。而台灣之GDP為5296億美元，與此五國比較經濟規模，台灣小於義大利、西班牙，大於愛爾蘭、希臘、葡萄牙。

　　以經濟成長率而言，2014年最高者為愛爾蘭4.8%，居歐盟之首。該國雖然2010年經濟為負成長，而在2013年轉為正值之後，已擺脫經濟蕭條之累。西班牙2015年第2季表現亮眼，在消費與內需帶動下連續8季經濟正成長。轉眼看表現最劣的希臘，2010年起每年經濟成長率皆為負成長，（2010年至2013年各為-5.4%, -8.9%, -6.6%, -3.9%），至2014年好不容易轉為正值0.8%，然反撙節的新政府自2015年初上任以來便一直與歐盟來來回回拉扯償債條

件，無永寧之日。此外歐元區第三大國義大利至2014年經濟尚為
負成長，這也讓不少人擔心著義大利是否會受到希臘牽連之慮。

造成歐債危機之主因即是這些國家欠缺財政紀律，依馬斯垂
克條約，各國之債務餘額占GDP比例不得超過60%。然而，各國
公共債務負擔皆超限。最嚴重的希臘，其債務負擔占GDP比率居
高不下，2009年高達133%，2011年雖稍降至109%，但2012年又升
至164%。至於義大利的負債餘額亦每年高過100%，2012年高達
127%。即使成長率最高的愛爾蘭在債危機後之債務占GDP比率
也逐年攀升，2012年約有120%，就看2015年能否降低負債壓力。
這五國中債務負擔最輕的西班牙原乃合乎標準而低於60%，但是
2012年也超標。檢視這些國家債務數據，無怪乎一個希臘動盪就
會引起全區恐慌，蓋各歐債國家債務個個令人掛心。

各國經濟體質與其發展路徑緊密連動。希臘仰賴觀光業與
文化資產，強調生活品質與休閒享受，受不了財政撙節之克難模
式，未能提振經濟。義大利文化資產豐富，但銀行業體質纖弱，
經不起金融風暴之試煉，2014年10月歐洲央行所公布的銀行壓力
測試名單，25家中義大利便占了9家。西班牙失業率高達25%，
僅次於希臘，曾數度爆發社會暴動。愛爾蘭由於對外開放程度較
高，強調人才引入與科技研發，快速地調整生產模式並提振經
濟，以成長率之高傲視歐盟。

社會文化與民族性的差異，常可道破各國競爭力之關鍵。
以希臘與愛爾蘭為例，社會氛圍大相逕庭。希臘不同立場陣營相
互叫陣，反撙節政黨打敗撙節政權，不願銖積寸累，不知民生在
勤，透過公投否決歐盟紓困方案，在慌張中國會又激辯通過歐盟
新紓困方案，社會資源反覆耗損。另一方面，愛爾蘭在社會夥伴

的運作模式下，企業主與勞工之間攜手協商，共識下擬定合作契約，這乃是其能快速通過危機試煉，有效改革的動力。

歐元透過貨幣統一把19個歐元國家綁在一起，也開始了化解不開的歐債問題。歐債危機中，五個國家被列入黑名單。近幾年來各國努力不同，發展路徑有異，強弱態勢不一，展開了多角路徑。看來歐豬醜名國家名單等著被修改，有些國家提出了亮眼成績，有些國家尚困其中，有些則列在觀察之列。若再觀察一些時日，這份歐豬名單，或可討論是否要更換了。

（工商時報，2015年8月7日）

金融穩定交響樂團

　　一個交響樂團，要奏出和諧音樂，每個團員都不能掉以輕心。任一團員彈錯音調，弄亂節奏，即使只有一小節，都足以破壞樂曲。倘若負責起音的首席小提琴手走了音，更是會把整曲都搞砸了。如果沒有適格的指揮，則不但表現不出抑揚頓挫的音色，更可能荒腔走板，一片噪音。

　　世界的金融穩定，有賴各國攜手共同維持，猶如交響樂團的每個團員都有一份責任。倘若某個國家金融失序，如同某團員彈錯音符，可能引爆了金融風暴，例如中美洲的墨西哥、中南美洲的阿根廷、巴拉奎，東南亞的泰國、馬來西亞，都是樂團中一角，曾經因金融市場走調而在風暴中迷失。曾幾何時，擔任首席小提琴手的美國也走音了，華爾街崩塌，於是乎，這金融穩定交響樂團，便在狂風暴雨的吹打下弄散了樂譜，每個團員四處找譜，結果是冰島的琴弦斷了，杜拜的鼓槌掉了，胡吹亂打，舞台演出驚悚恐怖劇。

　　2009年在倫敦舉辦的G20論壇，備受全球注目。蓋世人均已瞭解到：在這全球金融失序的時代，各國難以獨善其身，必須國際間相互合作，協議出共識的主題旋律，規劃出同步的節奏。不少國家以參與G20會議作為抬高其國際地位的托台，連法國聲望下跌的薩科齊總統也因參加G20期間而賺到一些民調上升點數。

　　美國的首席小提琴手地位，在此會議中受到質疑。美國是此次金融海嘯的起火點，又不斷地印發鈔票意圖脫危，卻是治絲而棼，看來美國的強勢琴弦是鬆弛了。中國大陸在此會議中質疑美元主導地位，雖然短期內難有他國貨幣能夠取代美元地位，但是近來中國大陸摩刀霍霍地強力培養金融尖兵，推動境外人民幣交易，似有挑戰首席小提琴手的企圖。

　　指揮呢？一個交響樂團需要有卓越稱職的指揮，能夠糾正偏差走音的團員，在雜亂中帶領所有團員整理步調，統合成和諧有序的旋律。這樣的角色應身懷綜觀全局的能力，並具有對團員下令的權威。然而，由於各國均為獨立的個體，個個自有盤算，難以接受另一個指揮單位來告知其行止方向。也因此，國際間的合作機制總是分分合合。

　　理論上，國際貨幣基金（IMF）在60年前成立時，便被賦予穩定國際金融的重責大任，但是至今來看，除了對小型金融問題或有立即助益之外，它鮮少能發揮事前杜絕國際金融大型風暴的功能，常只是扮演著處理善後問題的角色。固然IMF會對會員國家提出金融改革呼籲，但改革主動權仍操在各國手中。除非某些國家因金融體系崩潰而接受其奧援時，該國方在不情願下交出政策主導權。然而，在尚未有更佳機制前，IMF仍須承載著世人的寄託，繼續揮動指揮棒，沈重而艱辛。

　　歷年來國際間為了協助金融穩定，也不乏各種努力。1998年3月G7會議之後，成立了「金融穩定論壇」（Financial Stability Forum），對各國提出金融穩定措施之建議，包括國際間金融主管之互動、金融機構健全性之規範，乃至於金融機構管理階層的應有風險認知。然而，此論壇只能提出建議，無法強制各國執

行。爾近的G20會議，擬將金融穩定論壇提升成「金融穩定委員會」（Financial Stability Board），未來將與IMF合作。到底這是雙指揮？副指揮？抑或顧問？能否發揮更積極的角色？尚待觀察。

　　金融穩定能否達陣，如同交響樂團能否順利演出，需所有團員平時勤練功夫，需首席小提琴手精進稱職，需有各國共識支持出具能力的指揮角色。如何在各個團員各據山頭，都想要趁機來段獨奏的情境下，湊成合諧之音？這是各國的功課，也是全球的難題。

（經濟日報，2009年5月2日）

QE流行潮：
從東京、華盛頓到法蘭克福

　　量化寬鬆QE（Quantitative Easing）近年來成為國際間的貨幣政策顯學。在經濟陷入困頓而無計可施時，QE政策便會祭出。先是位於日本東京的央行在2000年初期推動QE；至2008年11月美國華盛頓的聯準會開始啟動QE，好不容易2014年底美國才擺脫QE。接著，位於德國法蘭克福的歐元央行也相繼接下QE政策的實施旗幟。看來，QE政策短期內不會在這世界消逝，被奉為主桌般地在檯面上揮旗。

　　2006年擔任美國聯準會主席的柏南克（Bernanke），早在2000年初尚在大學任教時便建議當時經濟蕭條困境中的日本央行實施QE。政策利率已為零的日本央行坐困愁城，遂而於2001年3月啟動QE，而後於2006年宣告結束；但是金融海嘯而景氣衰退，遂於2010年10月再度啟動QE。2012年安倍晉三首相上任後更擴大其規模；2014年安倍首相解散國會後贏得大選，第三度組閣時只換國防部長，看來可能沿續經濟政策，此能否改善情勢仍在未定之天。預料陷入流動性陷阱且喪失亞洲第一大國寶座的日本，仍會靠著QE取暖。

　　美國實施了三波QE，費了六年才決心放下這定心劑。柏南克不但推動日本QE，在他就任美國聯準會主席後更大規模操

作。第一波從2008年11月開始，規模為1.75兆美元，2010年11月開始第二波6000億美元，2012年9月開始第3波1.63兆美元，直到2014年10月才由接任的聯準會主席葉倫（Yellen）宣布於年底結束。這六年的量化寬鬆貨幣政策，對抗金融海嘯所帶來的全球蕭條風暴，代價不貲。

眼見歐元區經濟不佳，位於德國法蘭克福的歐洲央行總裁德吉拉（Draghi）擬在2015年購買主權債券，釋出貨幣，使資產負債表擴大至3兆歐元，期能讓歐元貶值，以改善經濟。此卻在德國碰了釘子，德國擔心這會讓貨幣政策成為非法財政移轉的方式。為說服德國，歐洲央行準備縮減QE規模。目前尚有異見，而無論如何，實施此政策的必要性、迫切性與規模幅度，必是討論焦點。

QE貨幣政策不同於傳統貨幣政策工具，傳統常用的貨幣政策工具包括法定存款準備率、重貼現率、公開市場操作等，今日在運用模式與強度上已有差異。原本最為強勁的工具是法定存款準備率，歐美不少國家已不採用此項管制而轉為規範流動準備率，目的在使銀行業增加資金運金彈性，但也剝削了央行調整貨幣供給的有效工具。至於重貼現率，對市場影響管道首先是牽動短期利率，再帶動長期利率，但美日之短期利率已近乎零，陷入流動性陷阱，傳統貨幣政策工具徒呼負負難顯效果。

QE屬於公開市場操作的措施，傳統貨幣政策作法上是央行影響短期利率，小幅調整短期資金的增減，並不作為改變經濟基本盤勢的主力。而今，新的公開市場操作模式一躍成為貨幣政策主力工具，央行購買中長期資產，直接壓低中長期利率以刺激投資，並引發通膨預期以促升物價，且讓貨幣貶值而助益出口。為

加強效果，其操作規模相當龐大，並發行長期公債來配合操作，「直昇機上灑錢」是對此政策的描繪。

　　一般貨幣政策效果往往需要若干時日後方會呈現，且在政策利率已經趨零之際再拉低的空間有限。到底QE是否有效，為近來重要研討議題。目前已有不少研究認為此政策有正向效果，經濟回春，出口暢旺。然而批評之議亦不遑多讓，肥了美國，卻瘦了與美國密切交易來往的其他國家，美元貶值使持有美元資產的貿易對手國之財富縮水，承受損失。原QE的創始者柏南克則在卸任時留下一句話：「功過留待後人評量」。

　　留下的幾個議題：QE是否有效？貨幣政策運作是否尚有其他更有效工具？甚至退一步的議題：靠著貨幣政策工具來拯救蕭條經濟的權衡策略是否適切？這都需要全球經濟與貨幣政策決策者與研究者好好思考。否則，若有下一波金融風暴或經濟蕭條來逼，如何因應，屆時可勿手忙腳亂。

（工商時報，2015年1月9日）

參、洲際變局

- 強權撥弄的國際協定風雨
- 注目吧！扭轉全球經貿結構的世紀大戰
- 全球糾葛的貨幣議題
- 全球貨幣政策與產業布局的關鍵轉向
- 貿易戰下金融多元挑戰
- 歐洲分合風雲何時了～Grexit與Brexit
- 疫情下經濟政策工具再思

強權撥弄的國際協定風雨

　　川普2017年坐上了世界第一強國美國總統寶座之後，充分掌握手中權柄，高調在各國際聯盟上出招，或退出，或加入，或新締條約，或改舊協定，大力攪動各式國際組織。他聲稱美國優先，強化美國經濟主導力道，創造就業機會，阻擋中國勢力外擴。其所使出的每一步棋數，都影響到不少國家，眾論紛紜，國際局勢猶如風雨浮動。

　　川普上任後三天所簽署的第一份總統命令，即是退出《跨太平洋夥伴關係協定》（TPP）。他認為無須被多國的經貿協定綁住，想擺脫大型區域貿易協定的束縛，擬由美國自行與各國進行談判以求自利，著力於一對一的雙邊貿易談判。川普突來的退約變局難以善了，日本首相安倍晉三焦急地赴美與川普協調，無功而退，日本遂而扛起重責，11個會員國另啟爐灶，2018年3月8日在智利另簽定CPTPP，會員國近5億人口，GDP總值占全球13%。據聞事後川普心動了，有意加入CPTPP，要求幕僚研究加入策略，唯不忘鎖住美國必須優先的條件。

　　川普不只對區域貿易協定不滿，也對全球最大的世界貿易組織WTO開炮。回溯WTO歷史，起自於二次世界大戰後，為解決疏通各國貿易問題，開始有簽定跨國協議之構想。多年折衝，組成GATT，8回合談判後，於2011年轉型為WTO，截至2016年7月

有164個會員國。如此龐大的國際經貿組織，若作大變革，必然影響深遠。然而，川普無視於嚴重性，屢次揚言退出，唯在其幕僚強烈反對下暫無舉動，否則必對全球貿易產生重大衝擊。

為了阻絕日益壯大的中國之萬丈雄心，川普除了課以高關稅、開出制裁清單、攔截中國高科技企業所需零件外，近日又祭出了「毒丸條款」。所謂「毒丸計畫」（Poison Pills），是公司併購過程中的一項防禦措施，公司董事會先通過一項條款，在惡意併購時，敵意併購方之收購達到某一比例（通常10%~20%），原股東即可較低價格收購大量股份，從而抬高收購方成本，乃是股東權益防禦計畫。川普將此條款納入「美墨加貿易協定」（USMCA），成員會若與「非市場經濟國家」進行自由貿易，則此協定任一成員會可退出。此舉意在孤立中國，蓋中國被認為非為市場經濟國家，讓中國難以跨足其他國家企業。此模式可能繼續複製，川普有意拉攏歐盟若干國家，對中國採取類似封鎖。此措施被視為重型武器，引起中國焦急地反彈批判，跳腳怒斥。

整體而言，大多國際組織乃以美國為首，一旦美國退出，架構隨之重塑，各國局勢盤整。川普的諸多動作常把最終目標鎖定中國，圍堵中國的發展空間，不容其挑戰霸主寶座。首當其衝的中國勢必需調整經貿發展策略，擴大內需市場。2018年10月24日中國港珠澳大橋開通，為全球最大跨海大橋，而習近平在啟用儀式上只宣布開通，不加其他隻字片詞，一改以往在一帶一路的啟動儀式上之高調暢論，明顯有意低調審慎，似避免在美中貿易大戰峰頭上另添柴火。

其他國家之反應，顯得搖擺，有時向美國輸誠，有時向中國靠攏，看來曖昧。日本原已多年無力在國際組織上獨掌峰旗，

今年隨著美國退出TPP後拾起CPTPP主持棒，受到國際矚目。由於川普揚言對中國貿易制裁之後的下一個對象是日本，讓日本難以安心地全盤投靠美國。日本一方面與美國討論中國忽視智財權之不當，另方面首相安倍晉三在2018年9月25日前往中國商議加強經貿合作。至於加拿大本來接受了包括毒丸計畫的USMCA協議，後又表達與中國合作之意願。推想多國之間的合縱連橫，版圖局勢將變。

川普所挑動的國際協定，尚包括巴黎氣候協議、聯合國教科文組織、移民問題全球契約制定進程、伊朗核協議、美俄中程飛彈條約等等，涵蓋了政治、經濟、社會、軍事等多方層面，增加了國際組織的不穩定度。台灣之國際政治空間原本艱難，不易加入國際組織與協定，屢屢受挫，在這國際局勢大幅震盪之際，務必睜大眼睛，分析情勢，研判各產業所受衝擊，沙盤推演因應對策。預計川普會繼續出招，撥弄全球風雨。道是風雨無情，唯待有心相應，致力在風雨中尋得正面積極的滋養春風及雨露生機。

（工商時報，2018年11月2日）

注目吧！
扭轉全球經貿結構的世紀大戰

　　中美貿易戰，不是單純的兩國貿易相互較勁，而是一場將影響全球各國貿易結構、經濟結構、產業結構，以及金融結構之持久世紀大戰。中美之間持續出招，彼此角力，一方是美國力圖衛冕第一大國寶座，另一方是中國陽館挑戰王座，這場高調的激烈戰事，將持續對壘，不會立即落幕，各國的產業、經濟、金融之結構調整，也將有相當變局。近日相關報導天天見報，各界分析自有見地，對於何方將獲益或受害，並無定論。這場世紀大戰，必然影響深遠。

　　美國於2017年12月推出30年最大稅改後，2018年3月對進口鋼鋁課徵高關稅，矛頭已指向中國。9月24日起針對中國開出制裁清單，對價值約2000億美元的中國商品課徵關稅，稅率自10%起跳，並擬自2019年1月1日起調升為25%。中國隨即宣告反制，將對約600億美元美國進口商品課徵5%～10%關稅。美中之貿易量大幅降低下，全球之貿易量恐將委縮，保護主義是否確定抬頭而降低國際分工生產的經濟效益，世所隱憂。

　　產業結構勢必隨之調整，且不止於短期效應。在中國的加工產業將減少，全球企業之行銷與生產策略進行調整。我經濟部對於美國最近這份清單進行評估，把產業分成三類：在大陸佈局且

最終產品輸美者為受衝擊產業，如網通廠、中低階自行車及零組件、石化產品、工具機及手提包等；未被納入制裁清單者為不受影響產業，如手機、筆電、電視機等；另為原本在台生產未外移的產業可能有轉單效應，如手工具、螺絲等。目前已有部分臺商已考慮回臺重新佈局，可能為臺灣的投資市場帶來一些新象，進而推高工業與商業用地之買氣。若考慮勞工成本，則可能往東南亞佈局。各產業另行覓機，將有不同於已往之態勢。在技術結構方面，美國的策略重點在於防堵中國的技術爆發力，抨擊中國不尊重智慧財產權，想降低中國技術輸入機會。影響所及，未來國際間技術流動也可能減少。

總體經濟面的國際結構，可觀察各國長程競跑之各階段名次。以經濟規模而言，美國與中國為世界第一與第二名。各界對中美雙方之此役勝負評估尚無定論，OECD已於2018年9月20日宣布：由於全球貿易不確定性增加，進出口成長走疲，不利企業投資，今明兩年成長率皆下修至3.7%。未來貿易戰後美國或許就業率增加，而其物價可能提高。在這戰雲中，各國的經濟受到貿易風向的扭轉，勢必相應調整產業與經濟結構，提出各自因應政策，經濟結構全盤洗牌。

金融面常是短期的迅速反應，波動更大。根據2018年9月26日報載，J.P.Morgan資料統計顯示全球基金市場資金流向，該年以來流入新興市場141.2億美元，亞洲（不含日本）11.45億美元，其他地區則皆為淨流出。而9月13日至19日之間，唯有美國淨流入144.84億美元。可見資金大規模地隨著重大訊息在各國間流動，短期迅速進出。資金走向影響股市、匯市，未來將維持股市紅盤多久？是否中國將採大力貶值之匯率戰以提高出口？金融海嘯10年以來的低利率情勢已久，美國聯準會9月26日升息一

碼，2018年至9月以來升息三次，台灣央行9月27日決定9季不升息，顯然各對經濟情勢的關注層面不同。國內外若干學者與機構憂心忡忡，提醒慎防金融危機之來襲。

政治角力往往是決定性的因素。中國從2013年宣告一帶一路計畫，展現其力圖掌握歐亞貿易之雄心，2015年提出中國製造2025計畫，擬把原即世界製造大國升級成製造強國。念茲在茲美國優先的川普，不容中國聲勢浩大，採取了種種強力抵制措施。近來歐盟提出新戰略，與美國同一戰線，擬與亞洲合作抗衡一帶一路。至於貿易戰能否遏止中國製造2025計劃與一帶一路的高調拓展？中美各自將獲利或受創？待繼續觀察。列強拉鋸拔河，各國政治體制不同，政策執行力有別，將有多少招數陸續出籠，看得全球經濟金融市場心驚膽跳。

世紀性的大戰已經鳴槍起跑，不但是短期性的資金移動，長期性的貿易、產業與經濟結構都將產生相當變化。強國的霸權競爭，扯動了各國的神經甚至血脈。敏感的市場睜大眼睛注視此一變局，能愈早正確看清方向者，愈早在危機中找到轉機。

（工商時報，2018年10月5日）

全球糾葛的貨幣議題

　　全球化、國際化浪潮之下，資金跨境快速流動，各國貨幣政策相互牽動，相互影響。利率、匯率、貨幣供給，以及各種金融衍生性金融商品，情勢每日波動。對2015年之國內外經濟預測，預測機構在2015年初時大致看好情勢，但5月22日行政院主計總處將台灣2015年全年經濟成長率預測值下修至3.28%，較3個月前預測值3.78%大幅下修0.5%，商品出口預測年減2.62%，創下金融海嘯以來最大跌幅。6月3日，經濟合作暨發展組織（OECD）亦下修2015年全球經濟成長率至3.1%。在這經濟情勢未明下，若干貨幣現象持續糾葛，多年來貨幣環境寬鬆，利率水準維持低檔，各國匯率競爭激烈，歐元貨幣整合內部結構失衡，問題始終無解。這些現象，週而復始的出現，若經濟持續衰退，則各界必須審慎以對，密切觀察。

金融海嘯前後均高度資金寬鬆

　　一國資金環境維持穩定情勢，是貨幣政策應追求之方向。如果經濟發展過程中，金融深化加重，金融資產一直擴大，金融商品不斷新創，資金日益充沛，游資泛濫，形成高度寬鬆的貨幣環境，固然短期內讓金融投資者獲得暴利，股價房價飆升，但也醞

釀成泡沫經濟體質，經不起風吹草動之刺激，極易在失衡情況下爆發金融危機。

在2007年次貸風暴之前，金融市場之資金已為高度寬鬆。當時市場游資充沛，衍生性金融商品快速推出，過度寬鬆的貨幣環境，醞釀出金錢逐利的環境。從2007到2008金融海嘯爆發，釀成嚴重全球經濟問題，各界對政策檢討批判聲浪不斷，尤其是過度寬鬆的貨幣環境成為眾矢之的，備受譴責。

為了拯救經濟蕭條，各國紛紛採取振興景氣方案，貨幣政策更是不可或缺之工具。在利率水準原本偏低情境下，美國、日本、歐元區都實施了貨幣寬鬆措施QE（Quantitative easing）。日本早在2001年便啟動QE，一直實施到2006年。而在金融海嘯及歐債危機後，日本於2010年後再度啟動QE。至於美國，更是大張旗鼓，一連實施了三波QE，第一波在金融海嘯時2008年11月啟動；第二波自2010年11月至2011年；第三波則自2012年9月至2014年底。歐洲在全球經濟持平時，仍難擺脫低迷僵局，於2015年開始實施QE。

由此可見，資金寬鬆措施，無論金融危機前後，均是各國政府偏愛之經濟政策藥方。至於資金寬鬆程度是否得宜，攸關經濟金融體質是否健全，各國貨幣當局必須審慎斟酌為之，否則稍有不慎，游資過度氾濫，便可能釀成下一波國際間金融問題。

表一、量化寬鬆（QE）政策實施期間

美國	日本	歐元區
QE1: 2008.11～2010.03 QE2: 2010.11～2011.06 QE3: 2012.09～2014.10	2001.03～2006 2010.10～	2015～

資料來源：本文整理

走不回昔日高利率

　　在經濟不景氣下，中央銀行藉著降低利率，刺激投資，乃是常見的方式。但是，在景氣復蘇之後，往往中央銀行依然觀望猶豫，不會驟然升息。尤其在金融危機之時刻，各國央行無不急急忙忙將利率壓低，以低利作為振興經濟的方式。數次大型金融危機發生之後，各國利率一直維持在低水準。原本低利政策乃是短期措施，久而久之，竟成為長期現象。

　　低利率之下，受到重創者為壽險行業。蓋壽險業所吸納資金為長期資金，在民眾投保時即已簽定保費及保額，乃是經過精算師精算得出之數額。在已往高利率時期所計得之保費，比低利率所計得之保費為低，然而，利率持續下跌時，已往所計得之保費便顯低估。因此，壽險業一直為利率下跌走勢所苦，急於擴充投資標的。而投資標的高報酬及高風險，為了彌補低利所造成的虧損缺口而追逐高報酬投資，也常使保險業陷入損益大幅波動的風險之中。

　　圖一為美國、日本、德國、台灣之歷年利率趨勢，長期均為走低情勢。在1990年代後曾有一段利率上漲波段，接下來便呈利率持續下行情勢。十餘年來，未見利率上漲傾向，似難回到以往

的高利率水準。

2014年美國走出經濟低潮而釋出準備升息之訊息,但仍是山雨欲來風滿樓,猶未成真。2015年5月,聯準會主席葉倫放話,今年將會升息,各方則密切關注。如果美國開始升息,勢必帶動各國升息退潮。但是,不管升息情形如何,如要回復已往的利率水準,恐是路途遙遠,難以短期達成,即使長期都有困難。

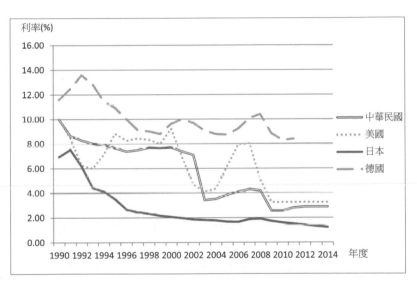

圖一、各國基本放款利率

資料來源:全球台商服務網→經貿統計→主要國家經濟指標http://twbusiness.nat.gov.
　　　　tw/page.do?id=15(各國總體經濟數據指標-利率表),該表資料來源為
　　　　IMF International Financial Statistics(IFS);中央銀行金融統計。
說明:中華民國2002年以前資料為基本放款利率,2003年以後改為銀行業牌告放款利
　　　率,以台灣銀行、合作金庫銀行、第一銀行、華南銀行及彰化銀行五大銀行
　　　平均放款利率表示。

歐元解不開的希臘困擾

在2008年金融海嘯之後，歐債危機出現，尤其是希臘嚴重財政赤字與國家債務問題成為歐元區的極大困擾，多次掀起國際經濟金融情勢之緊張。2011年7月，標準普爾（S&P）將希臘評級降至CC，瀕臨違約邊緣。10月，歐盟峰會同意提高歐洲金融穩定機制（EFSF）規模至1兆歐元，國際貨幣基金（IMF）再提供希臘1千億歐元紓困金。竟然11月希臘宣布，將歐盟紓困方案交付公投；在各方緊急斡旋下，同年11月，希臘宣布放棄公投，總理巴本德里歐同意下台，協商成立臨時政府，任命新總理和新內閣。歐洲領袖決定凍結階段性貸款，要求希臘表明是否留在歐元區。希臘續留歐元區，也成為歐元區的痛源。

2012年2月，歐元區財長就規模達1,300億歐元之希臘第2輪援助方案達成共識，另外加計民間債權人將持有公債希臘面額減記達53.5%，將各該國中央銀行所持有達120億歐元希臘公債產生之孳息還予希臘，預計可讓希臘2020年之債務水準再下降1.8%。希臘也開始逐步改善財政赤字，縮減福利支出，朝著符合歐盟要求努力。

雖然希臘財政與債務數字改善，但其民眾對緊縮措施多所排斥。即使2012年之後，全球經濟復甦，歐債危機已有稍歇，歐元區財政問題已有紓解，但是希臘民眾受不了財政縮減與福利削弱之衝擊，在2015年1月27日大選中選出反財政樽節之激進左翼聯盟（Syriza），要求恢復已往福利水準，顯示民意反改革傾向。於是乎希臘與國際貨幣基金，歐洲央行、歐盟之間展開一波又一

波的談判，歐元區主要核心國家德國日復一日居中奔波，甚為艱辛。

止不住的匯率戰爭

匯率高低，攸關各國對外貿易，匯率政策也常作為各國促進外銷以發展經濟之重要策略。在全球化浪潮下，任何一國匯率變動，總激起國際貿易與國際金融市場若干反應。各國為經濟或其它因素考量，啟動匯率工具，屢以貶值作為刺激出口與經濟成長的重要工具。一國貨幣之貶值，即是對手國匯率之升值，所謂「以鄰為壑」，即是匯率調整政策之寫照。各國交相貶值，成為匯率戰爭，此類現象，常會出現。

圖二為新台幣、日幣、韓元自2002年之匯率走勢。2002年至2004年間同步升值，但是漸漸在漲跌走勢中，擴大差距。

台灣與韓國為出口競爭對手國，韓元貶值幅度比新台幣貶值幅度大時，有利韓國出口，不利台灣出口。至於日本與台灣之貿易關係則有不同，日本為台灣長期貿易逆差國，日圓升值則促使台灣對日貿易逆差降低，日圓貶值則使逆差額提高。2015年5月底，日圓巨幅貶值，震撼國際。消息一出，我國央行立刻準備鉅額日圓，以因應市場上將兌換日圓之熱潮。韓國也不會靜靜不動，擺出匯率出招態勢。至於一向貿易競爭對手的台灣與南韓，其新台幣與韓元匯率競爭，也已悄然啟動，競相貶值。諸如此類的匯率戰爭，幾已是各國央行常用的方式。

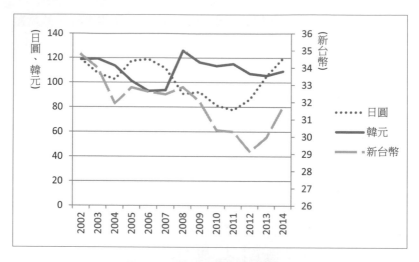

圖二、日圓、韓元、新台幣匯率

資料來源：中央銀行統計資料（本匯率資料係台灣時間當日16：00各通貨當地或全
　　　　　球外匯市場銀行間即期交易的即時匯率）
說明：1.本表左軸為日圓及韓元匯率，韓元之表示以實際匯率1/10計算。
　　　2.本表右軸為新台幣匯率。

貨幣政策的千古糾葛

　　貨幣宛如人體血液，維持順暢流動，血壓不宜過高，也不宜
過低。在經濟發展過程中，資金數量必須適度，資金過度寬鬆易
通貨膨脹，過度緊縮易致經濟蕭條。在經濟景氣循環過程中，運
用貨幣政策來振興景氣，絕對是各國之重要措施。唯連續數度金
融危機與經濟蕭條之後，各國貨幣持續維持低利與寬鬆態勢，甚
難跳脫此糾葛陷阱。此外，各國間的匯率競逐，也是永難劃下句
點的貨幣戰爭。且歐元整合的結構失衡後遺症，慘痛難度。

　　這些糾葛的難題，是否能在年復一年的歷程中，找到適切的

模式,將有待觀察。值得注意之處,恐怕金融危機夢魘難逝,泡沫經濟崩潰威脅難免。如此類似問題繼續下去,可能發生危機之風險增加,甚至成為常態。

　　建立危機意識,加強風險意識,妥善風險控管,乃是面臨這複雜的環境所必要之因應策略。在每次危機來臨與危機平靜的來回波濤之中,隨時能夠妥為因應,並抓住經濟平靜時機休養生息,是面對糾葛貨幣環境的必要準備。

（《台灣銀行家月刊》第67期,台灣金融研訓院,2015年7月）

全球貨幣政策與產業布局
的關鍵轉向

　　二十一世紀將來史頁上所寫下的重要紀事，在國際財經篇，除了2008年金融海嘯，美中貿易戰必占到顯著篇幅。金融海嘯有如中風，造成全球經濟金融癱瘓，金融風暴來得又急又強，全球立即強震，送到加護病房以強心針救命。美中貿易戰則似慢性病，對全球凌遲，一寸一點剮割，牽動貿易、經濟、金融、科技、政治多種層面，影響全面而寬廣，各國各界皆繃緊神經，採取調整作法，將需經歷若干年調整重塑，產生新局，呈現新貌。以國際貨幣政策與產業布局而言，2019年已出現明顯轉向。

　　貨幣政策的轉向，從2018年到2019年的各國央行利率政策，已可看出變化。2018年，在貿易戰之前，經歷了十年低利寬鬆貨幣環境，從2008年金融海嘯以來，為了振興經濟鼓勵投資而採取低利，利率水準遠遠脫離了二、三十年前的價位。近年來由於景氣漸露曙光，經濟漸報佳音，各國央行原已蠢蠢欲動擬調整貨幣環境。到2018年底，不少國家已啟動升息措施，包括美國、加拿大、英國、印度、瑞典等國。然而，貿易戰開打後，2019年貨幣政策轉向了，原本各國擬升息的態勢，停步觀望。2019年6月適逢全球央行會議熱季，美國、日本、英國等國宣布維持利率水準，台灣已連續12季維持不變，美國透露了近期降息的可能。中國自2018年初以來已陸續數度調降存款準備率，並宣佈地方銀行

三階段下調存款準備率，降低利率且釋出資金，以減輕小型民營企業之融資成本。

以寬鬆政策來提振經濟景氣，乃各國央行的普遍思維。在2007年次貸風暴之前，資金已過剩泛濫，金融市場交易熱絡，醞釀成風暴的市場體質。金融海嘯爆發後，各國競相降息，數量寬鬆措施QE也在美國、日本、歐元區推出。好不容易挺過金融海嘯的休養期，尚未矯正偏低的市場利率水準，目前又在美中貿易戰下繼續寬鬆。各經濟預測單位陸續下修經濟成長率推估數據，在這全球貿易與經濟走勢不理想中，維持利率不變，乃是穩健措施，未來仍須留意長期寬鬆的潛在風險，審慎因應。

這場涉及多層次的貿易戰役中，多國產業布局已調整轉向，由貿易結構與投資動向可以觀知。全球貿易量大幅縮減，WTO於2019年6月份根據經濟學家估算表示：一旦貿易戰全面開打，全球貿易量可能急遽萎縮17%，比金融海嘯還慘烈。各地區相互貿易結構有明顯變化，台灣的貿易對手國組成也有調整。以2019年前4個月而言，台灣對全球出口量降低4%，對中國大陸（含香港）、歐盟、新南向18國之出口量各減少10.6%、2.5%、10%，而對美國外銷則增加了19.9%。美國2000年代之前，乃是台灣最大的貿易對手國，近十餘年來中國成為台灣最大貿易對手國，目前美國長期被中國吸納的貿易量正在回收。

全球各洲的產業布局正在調整中，以台商對大陸投資而言，投審會核准台商赴大陸投資金額於2010年達到高峰，為146億美元，2016年後逐年遞減。2019年，台商在貿易戰後投資轉向，台商大量回流，根據6月24日報導，2019年經濟部核准回台投資廠商77家，金額已達新台幣3864億元新台幣，尚有不少廠商排隊審

查中，往5000億元逼近。

　　在這全球產業移位時刻，台商的投資、研發、貿易與生產決策，重新布局。以往爭先恐後遷移大陸，重作布局後，可能選擇全在台灣生根，或部分移往東南亞進駐，也可能往歐美跨足。如果台灣投資環境優越，則在台投資生產；若把台灣定位為營運總部，擴大研發部門，生產線植於工資較便宜的東南亞，再把貿易線拉往歐美之地，也是選項。無論何種策略，如果掌握此一轉向時機，妥善策劃，有機會再度產業升級，提升長期競爭力。根據Fed紐約聯邦儲備銀行2019年5月一份評估報告：貿易戰真正的贏家是中國在亞洲的競爭對手：台灣、韓國和東南亞國家，因美國買家將面臨更高的中國商品價格，中國出口量將縮減，市占率拱手讓給不收關稅的亞洲競爭對手，台灣列名其中。

　　世界局勢混沌未明，全球貨幣政策已然轉向，產業結構正在蛻變。交叉路口，正是關鍵年度。在貨幣政策方面，台灣一連12凍的利率政策，穩健觀望，一方面給予產業喘息空間，另方面宜謹慎因應資金過寬的潛在風險。面對全球產業布局轉向時刻，除了企業界不斷四方尋求商機，政府亦應積極改善投資環境，激勵研發能量。這場貿易大戰，台灣有機會重塑戰力，不宜混亂錯步。

（工商時報，2019年7月5日）

貿易戰下金融多元挑戰

　　美中貿易戰如火如荼開打，戰爭角度涵蓋了貿易面、經濟面、產業面、科技面、政治面等。美國把中國外銷美國的商品分成幾組清單，在不同時點調高關稅，2018年陸續加徵，2019年初暫時止戰喘息，自5月煙硝再起，再開清單大加關稅。中國亦採取反擊態勢，國際間風聲鶴唳，紛紛準備長期抗戰。這場貿易戰的影響層面廣泛而深遠。金融面在這風浪中總是第一線衝擊，如同衝浪，市場動態時而推上高峰頂點，時而跌落谷底。多變的國際變局，金融面與實質面常有反應時差，國際貨幣政策方向出現轉向，潛在系統風險處處藏憂。金融界值此變局，視野須放大放遠，應變措施宜有進有守，以期迎風馭浪，駕舟安度。

金融面與實質面的反應時差

　　金融面與實質面唇齒相依，實質面乃是廠商投資、技術、生產、行銷、勞動等多方層面的綜合呈現，需要時間來執行落實。金融面的交易則頗快速，只要影響供需雙方的信心因素，立即反應在市場交易看榜上。2001年諾貝爾獎經濟學得主艾克羅夫（George Akerlof）、史賓賽（A. Michael Spence）、史蒂格利茲（Joseph Stiglitz）共同拿下冠冕。得獎研究：「資訊不對稱理

論」（Information asymmetric theory），強調資訊之重要性，更分析了資訊不對稱在金融市場上的關鍵影響。因此，掌握重要資訊，常是勝敗關鍵。

美中貿易戰開打以來，大多預測機構下修經濟成長率的預測數字，以世界銀行為例，2019年6月下修2019年全球經濟成長預測，由原預測2.9%下修為2.6%。台灣2019年的經濟成長率之預測數字，主計處也是逐步下修，2019年5月，自原公布2.27%下調為2.19%。一般而言，短期內貿易量縮減與投資意願下滑，使得經濟能量縮減，應是難免。到底台灣經濟能否在台商回流後掌握契機順利轉型，有效增加投資機會並創造商機，有待各界努力。

股市在此戰役中漲跌互見。2017年貿易戰未開打，股市多是長紅；2018年貿易戰開打，股價下滑而股票收益率普遍虧損。至2019年5月貿易戰火再起，但是股市並未持續下滑，有漲有跌，似乎資本市場看到的不只是此刻現況，或許對貿易談判有所期盼，認為長期產業轉型有路可循，也可能尚有其他資訊助其持穩。

國際貨幣政策轉向

貨幣政策在貿易戰前後，出現轉向。在貿易戰之前，經歷了2008年金融海嘯以來長達十年的寬鬆貨幣政策，維持低利率水準，各國央行原已蠢蠢欲動擬調整貨幣環境。到2018年底，不少國家已啟動升息措施，包括美國、加拿大、英國、印度等國。然而，貿易戰開打後，貨幣政策轉向了，原本擬升息的態勢，停步觀望。至2019年6月份，適逢全球央行會議熱季，大陸人民銀行

宣布降低存款準備率，美國、日本、英國均宣布維持利率水準，台灣已連續12季維持不升不降的政策。看來各國央行的升息旗幟已經收起，甚至透露了近期降息的可能。

匯率市場上，一般推測：中國為扭轉貿易上受阻的局勢，未來可能採取貶值以促進出口的方式。至2019年6月份，人民幣維持「保七」作法，不跌破1元美元兌換7元人民幣的價位。未來中國是否將以貶值作為外銷利器，市場正在觀望。中國人民銀行前行長周小川與現任行長易綱皆表示不必重視某數字，不承認保七是其策略，似為未來可能的走勢留下彈性空間。

國際化貨幣組成是否產生變化，乃另一話題。目前國際間貿易計價、清算過程中所使用的通用貨幣，一般以美元、歐元、日元等為主要貨幣，以美元霸居龍頭地位，短期難撼。中國在美國不斷叫囂之下，難免想擺脫美國的牽制，其尚未完全國際化的人民幣，是否將會加速開放腳步，抬升人民幣在貿易過程中的計價清算貨幣數量，或者反而更謹慎地改變人民幣開放計畫，關起開放之門以加強掌握貨幣動向，乃有考量空間。

系統危機各有擔憂

經濟蕭條的風暴危機，被憂慮提出，但對於嚴重程度與暴發地點有不同說法，尚無共識。WTO認為貿易量成長放緩到十年前金融危機以來的最低水準，全球投資下降，縮減所造成的經濟蕭條將比金融海嘯為甚。有評論者認為中國是危險所在，2018年中國經濟成長率降至6.6%，創28年來新低；且其商業銀行不良貸

款比率攀升，非金融部門債務也持續擴增。其經濟放緩使原本高槓桿的經濟企業體更加艱辛，進而影響到銀行信貸品質，加深其金融業的經營體質。然而，另有看法指出：大陸經濟金融體質早已出現脆弱跡象，至今尚未崩盤，在貿易戰中至今能穩住陣腳，應是大陸對其重要企業與金融機構具有掌控能力，在危機醞釀過程中展現了穩定力道。

全球長期低利政策，造成寬鬆的貨幣環境，則是金融危機的潛在溫床。以往多項金融危機的發生，常植因於過度寬鬆的貨幣環境。在2008金融海嘯前，資金泛濫造成泡沫體質；海嘯後各國以低利及QE措施來振興景氣；當前在貿易戰衝擊下，未能藉由升息來校正過剩資金，此危機體質持續存在，不能掉以輕心。

央行2019年5月發布第13期金融穩定報告，指出：未來可能面臨四大市場風險，包括：美中貿易緊張局勢尚未平息、主要經濟體貨幣政策正常化走向未明、英國脫歐政策不確定性，以及中國經濟成長放緩。當前面臨的潛在危機，不只美中貿易戰，尚包括歐洲、亞洲本身的問題。世界金融中心的列強地位，也可能產生位移，原本與紐約並列世界前兩名金融中心的倫敦，漸漸在脫歐泥淖中磨掉光芒；原本與新加坡並列三、四名的香港，在政經環境中接受國際檢驗。風起雲湧的國際金融現象，是金融界無法漠視的關鍵脈動。

金融業應強化綜合研析

各金融機構的課題，甚為嚴峻。在風險控管機制上，不但

必須加強,更須跳脫慣性思維,因為風險從何方來襲,挾著何種型態,恐非昔日足跡可以勾劃。2008年金融海嘯原因之一,乃是評估個別證券風險時,忽略了總體系統性風險。事後檢討再作防範,千金難買早知道,今宜提早沙盤推演。

以銀行業而言,其進行貸款業務,對於各產業前景與結構調整,必須詳加研析,尤其對於重點產業在美中之間的科技契約、生產購置、行銷網路,以及未來可能的訂單轉嫁方向,都應留意。至於壽險業,在投資標的之選擇上,宜審慎而保持彈性策略;台灣壽險業的投資部位龐大,已在國際金融市場上舉足輕重,也直接受到國際金融波動衝擊,匯率避險成本大幅擴增,股票投資風險偏高。此外,證券業、期貨業、投信投顧業、票券金融公司及相關證券事業,原本即在浮沈的金融市場上追逐行情,自貿易戰後更難平靜,日日夜夜在波波浪濤中奮鬥。各產業行情有別,流動性風險上升,值得留意。

各金融機構之研究及策略團隊,必須擴增強化,在團隊中納入產業、科技、貿易、法律之人才,集思廣義,甚至展開國際政治競局路線之探索,作為其業務研判及投資調度之研判。加強資訊搜集與運用,更是不可或缺。這場貿易戰乃是一場跨領域之綜合戰役,第一線迎戰的金融業更需綜合研析以作應對。

(《金總會訊雙月刊》,臺灣金融服務業聯合總會,2019 年 7 月)

歐洲分合風雲何時了
——Grexit與Brexit

　　歐洲各國分分合合，時而朝向整合，時而嚷嚷喊離。整合不易，分離亦難，這樣的戲碼，看來在歐洲政經舞台上會一再上演。2010年至2019年間最大的兩起歐洲風雲事件，是Grexit與Brexit。所謂Grexit，是Greek Exit之縮寫，乃因2010年起歐債風雲期間，希臘債臺高築，市場上普遍談論起希臘是否退出歐元區之可能性。所謂Brexit，是Britain Exit之縮寫，英國於2016年6月23日舉行公投，擬脫離歐盟。這兩起事件的起因、過程大不相同，至於結局方面，Grexit至今暫告消逝，Brexit則至2019年初尚在發展之中。

　　歐洲跨國進行多方整合，已是多年過程。在共同貨幣歐元出現之前，已有歐洲經濟共同體、歐洲共同體、歐洲貨幣聯盟、歐洲經濟暨貨幣聯盟等多項組織，並經過四階段之執行，方於2002年7月1日，所有加入歐元區的國家必須停用本國貨幣，使用共同單一貨幣歐元，這是歐洲貨幣史的超大變革。但是各國之政治、財政、法律等等各層面仍維持各自為政，諸國經濟與產業結構差距甚大，用統一的貨幣無法適合所有國家。希臘的經濟金融體質脆弱，財政拮据，債臺高築，發生嚴重債務危機之後，輿論不斷討論讓希臘退出歐元區之可行性。8年以來，希臘與歐元區各國展開多次協商與數度紓困，保住了歐元成員之地位，於2018年

6月22日獲歐元區財政部長宣佈達成債務減免協議，同意展延希臘債務期限10年，協助希臘在8月22日順利脫離第3輪紓困計畫，即最後一輪紓困，8年來共獲2737億歐元支助。這也象徵著希臘債務危機將就此告一段落，未退出歐元區。然而，這是否代表歐元區已經高枕無憂，希臘之民生與投資是否已走在順暢路線上，沒有其他國家再鬧歐元風暴？勿言之過早，尚有不少挑戰必須面對。

數年膠著的英國脫歐事件，至2019年初尚未協議出理想的脫歐路徑，不但影響歐洲及全球經濟，對英國本身的衝擊更是不可以道里計。曾擁有日不落國美名的大不列顛帝國，一直懷著已往的輝煌美景，不想與歐盟國家站在相同平台把政策自主權交出。從17世紀，在海外積極擴充殖民據點，打造日不落帝國盛況。至20世紀中，尤其二次世界大戰後，民族主義興起，殖民地紛紛獨立，美國崛起，英國光芒不再亮麗。1973年，英國加入歐盟，現實與理想的掙扎，一直在拉鋸著。2016年，在抗拒歐盟移民政策及多種規範中，英國以公投的些微差距決定脫歐。接下來，英國政經陷入動盪，首相梅伊與歐盟27國經過1年8個月的談判，結果未能在2019年1月15日獲得英國議會支持。在這不知何去何從的叉路上，知名企業紛紛離開英國而改投抱他國，經濟與金融情勢不穩。目前的英國看不出其日不落國東山再起的跡象，像是踽踽獨行的貴族紳士，腳步艱難地陷在泥淖中，這歷史轉折點將決定其未來命運。

分分合合一再出現，乃因合與分均各有利弊。歐元整合可降低交易成本與匯率風險，但無法反應各國最適之貨幣外匯政策。歐盟會員國享有彼此勞力、商品、資金、服務的自由流通，但有義務服從共同的規範。各國認為利大於弊而加入，在經濟、金

融、貿易面高度統合，失去各國自行運作的空間，權利分享與義務承擔的談判難以符合各國最佳利益，磨擦與衝突難免。一旦任一成員國因時空變遷而欲退出，並無平順自然的路徑可循，陷入進退維谷的境地，危機也在擔憂中更形加劇。

Grexit事件中，希臘並非自願有意脫離歐元區，在債務風波後得以留在歐元區，乃因德國與其他會員國之協助，避免造成歐元崩盤。歐元剛推出之際，曾有亞洲是否要推出亞元之議，而在歐債風雲之後，亞元論調自動消音。Brexit事件中，英國自願脫離歐盟，但是英國內部意見紛歧，雖然否決了脫歐協議內容，並未明示未來方向，到底接下來是無協議脫歐，抑或重新談判，延後脫歐，或者啟動第二次公投，皆是難題。總而言之，歐洲各國積極跨國整合，團結以求壯大，在其他洲並無如此緊密的相扣。然而各種整合過程中，規定了加入會員的條件，但是並無界定退出程序應如何處理。是非屈直，有待歷史評價。雖然Grexit與Brexit本質不同，只要整合未能解決基本結構問題，則未來歐洲繼續發生類似分分合合爭議，恐怕依然難免。

（工商時報，2019年2月15日）

後記：英國脫歐公投後，經過三年多紛擾，終在2020年1月31日
　　　脫離歐盟，進入脫歐過渡期。

疫情下經濟政策工具再思

　　百年殊見的世紀大難臨頭，2020年新型冠狀病毒COVID-19暴風襲捲全球，迅雷不及掩耳，不論先進或開發中國家紛紛淪陷疫區，除了南極洲之外，全球六大洲全難倖免。緊急慌張下，各國政府為了醫療防疫與經濟紓困，紛紛推出種種救急救窮的政策，首先是傳統的政策工具搬出，疫情日見緊張下又爭相灑出更大更多的政策措施，方式上也出現新的工具，預料新的方案將會陸續出籠。這些新舊方案的作法與效果，一步一步在危機中試煉。

　　此經濟衰退的原由與昔日金融危機及經濟蕭條不同，不但經濟交易次數降低，基本上乃交易動機喪失，傳統經濟政策工具恐難有力奏效。傳統上拯救經濟之策略，政府常採用貨幣、財政、產業、勞動等等政策工具。此次貨幣政策很快便荷槍上陣，各國央行在3月份陸續降息，至2020年3月23日，全球至少39國降息救市。美國更採用少見的大幅降息措施，以圖挽回股市大跌之勢，3月3日降息2碼，15日又降息4碼，將聯邦資金利率目標區壓到0%至0.25%。然而，股市每日洗三溫暖般大冷大熱，道瓊指數3月份即熔斷4次，過度大幅降息反而令市場擔心是否貨幣政策工具已經用盡。利率水準已趨近於零，再降息的空間有限，即使有空間也無法刺激企業投資意願，看來低利政策效果有所鈍化。

　　美國並未在低利降息後就停格，2020年3月23日更史無前例地採用無上限量化寬鬆政策，不但在數量上衝到無限高點，也在操作方式創新，投資標的擴大更為多樣，除了穩住信心，維持市場資金流動性，也試圖穩住部分債券市場價格，讓能源債與高收益債下跌期間的投資標的有避風港。這種新的央行操作方式，得到若干掌聲，而後發力道則尚待觀察。在疫情甚難掌控下，可能又必須絞盡腦汁思考新的策略。望諸前景，今日穩住市場，無人保證明日就此安然，市場驚恐的氣氛沒有鬆懈，未來金融市場能否維持正常運作，不致於市場失靈而資金斷頭，造成流動性停滯，乃是激烈考驗。

　　採用財政政策拋出公共支出，進行防疫並紓困，是各國必然之舉，經費額度不斷上調。台灣於2020年3月13日立法通過防疫及紓困振興特別預算600億元後，政府陸續又增加移緩濟急基金1400億，特別預算1500億，央行、郵政儲金及公營銀行貸款額度7000億，4月初公布總計規劃1兆500億資金儲備在側。英國財政大臣3月17日宣布提出3300億英鎊(約新台幣12兆元)作企業擔保援助; 法國總統馬克宏3月16日宣布政府將提供3000億歐元（約新台幣10兆1100億元）貸款擔保，並將釋出450億歐元紓困資金以協助企業和勞工; 德國宣布推出至少5500億歐元(約18.6兆台幣)的紓困措施，並暫停面臨嚴重周轉問題企業的法律義務以申請破產; 這些籌碼仍可能隨著每日確診數目而增加經費額度。美國財政部長原提出1.2兆美元預算因應，經過國會討論成案時已提高至2兆美元(約新台幣60兆元)，川普於3月27日簽字成法，創下了空前的紓困金額紀錄。

　　此疫情下，受影響的產業首先衝撞到服務業，再則衝撞到各行各業，企業業績下滑，收益虧損，員工放無薪假甚至失業。政

府有些措施試圖穩住企業生機，有些措施救助失業者生計。預期
此疫期不會很快消退，經濟衰退情形日益嚴峻。在政府財政有限
下，面臨資源如何有效分配之抉擇。如果救企業與救失業兩者無
法兼顧，到底是救企業優先，抑或救失業為要？急難期間，宜致
力維持民眾基本生活所需，著重於救助臨時失業而生活困頓者，
考量是否把失業救濟金對象從被資遣者擴充包含無薪假者。倘若
政府出手援助產業，不可能全盤照顧，對於如何擇取產業予以救
助，乃涉及公平性問題；不妨考量該產業是否與台灣核心競爭力
有關，把資源用在刀口上。此刻權衡拿捏是否得當，影響未來新
局下的台灣優勢。

　　面臨這無預警的新型挑戰，政府振興經濟方案需要時時檢
討調整。如果未來一旦疫情完全消退，只要市場基本機制尚存，
經濟應可脫離低谷，投資意願立馬提升。但是疫情拖延多久尚有
未知，且經過疫情大肆洗劫後，產業結構將有相當改變，大中小
企業的生機各異，各國競爭力將會重新洗牌。網路經濟此時大放
異彩，視訊產業相關產品供不應求，是百業蕭條中商機人旺的產
業。

　　當今之計，仍以控制疫情為要，不應為擔憂經濟蕭條而降低
防疫警戒等級。疫情擴大時，經濟必然衰退；疫情消退時，經濟
自然回復。防疫猶如救急，紓困猶如救窮，救急優先於救窮。政
府資源的運用，在輕重緩急之間的權衡，考驗著政府的智慧。

（工商時報，2020年4月10日）

肆、多幻金融

- 以新科技新思維拓展普惠金融多元觸角
- 金融中心排行榜的推擠
- 文創新籌資工具研發
- 活化銀髮金融環境
- 科技金融新世界的思維交戰

以新科技新思維拓展普惠金融多元觸角

普惠金融之國際趨勢

　　「普惠金融體系」（Inclusive Financial System）是聯合國在2005年提出的概念，其含義是：以有效方式使金融服務惠及每一個人，尤其是原本通過傳統金融體系難以獲得金融服務的弱勢群體。目前普惠金融的發展已經成為全球各國備受矚目的議題，已有50多個國家將提高整體普惠金融列為目標，期許讓社會各階層民眾及各類型生產活動能合理地獲取資金挹注。

　　歷經各國多年金融發展，金融服務型態已有若干改變，原本是傳統金融服務型態，採面對面櫃台服務方式，隨著網路金融與數位科技之推出，數位金融已是全球先進金融趨勢，將數位科技配合普惠金融，在國際上獲得認同。

　　二十國高峰集團G20訂出普惠金融的三個維度：（1）金融服務之可及行（access）。（2）金融服務之使用性（usage）。（3）金融服務之品質（quality）。G20並訂出29種指標，包括支付系統、ATM與銀行分行普及度指標。2016年杭州G20會議公布

「G20數位普惠金融高級原則」，把數位科技帶入普惠金融之內涵更為加強，在傳統工具外加入科技工具，讓普惠金融之觸角更為多元拓展。

民眾普惠金融之逐年括展

普惠金融與弱勢族群協助之著名案例，當推2006年的諾貝爾和平獎得主-孟加拉的穆罕默德 尤努斯（Muhammad Yunus），他創辦了「鄉村銀行」（Grameen Bank），提供小額信貸，讓無數赤貧人民在無需擔保或抵押的情況下，借到小額信貸，尤其是弱勢婦女，讓赤貧人民得以順利借到小額貸款，用以創業與並改善生活水準，進而擺脫貧窮。他不但造福孟加拉，也引起不少國家效尤。

台灣在經濟發展初期，金融機構並不普遍，許多的民眾需要資金時不易由銀行獲得融資，地方上資金通常仰賴基層金融，也就是農漁會信用部以及信用合作社，此在台灣金融發展裡面扮演非常重要的角色。即使這類的金融機構，規模與聲勢都不如一般的商業銀行，但是對於地方的民眾，提供較為親切而貼心的服務，乃是非常重要的普惠金融。1970年代在金融體系尚未健全之前，民間借貸市場的規模，大概占正式金融體系裡面的四分之一至三分之一左右，民眾需要資金只好向民間借貸市場設法來籌措，包括俗稱的地下錢莊。接著隨著金融體系逐漸發展，1990年代金融自由化後銀行家數增加，普惠金融程度就越來越高。

衡量台灣的普惠金融程度，可以由若干指標來觀察。首先

可以觀察每一個分行機構所服務的人口數，仰賴每分支機構的人口數甚多，代表普惠金融程度不夠普遍；仰賴每分支機構的服務的人口數越少，代表分行機構越普及。我們由圖一可以看到，在1997年仰賴每分行機構所服務的人口數為4,197人，這個比例逐年的下降，到2001年的時候降為3,836人，接下來趨近平穩了。2011年之後，這個數字還稍微有一點回升。

　　分行機構的普及程度，雖然並沒有再增加，而銀行與信用合作社向主管機關金管會申請在偏遠地區設立分行，一般而言，在正常情形下會獲得金管會之優先考量核發執照，看重偏遠地區之普惠金融。

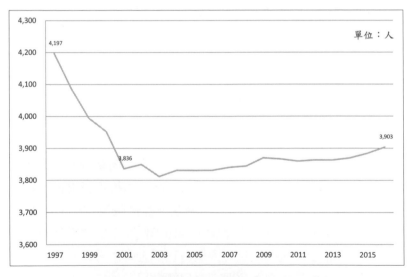

圖一、台灣仰賴每分行機構服務之人口數

資料來源：金融機構分機構家數-中華民國金融統計指標，金融監督管理委員會銀行局編印。歷年台灣總人口數-中華民國內政部戶政司人口統計資料。

　　另外一個衡量指標是ATM所服務的人口數，如果ATM相當的普及，則仰賴每ATM服務的人口數就相對的較低，若不夠普及，那麼仰賴每ATM服務的人口數就增加。由圖二可看到，1997年ATM機台所服務的人口數為1,925人，到了2005年這段期間持續的下降，少於1000人，大致上穩定。2016年逐年微幅下降至864人。仰賴每ATM提供服務的人口逐年下滑而趨於平穩。

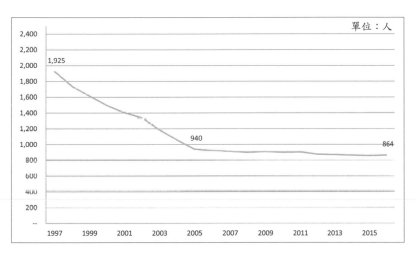

圖二、台灣仰賴每ATM機台服務之人口數

資料來源：金融機構發行金融卡及裝設ATM統計-中華民國金融統計指標，金融監督管理委員會銀行局編印。歷年台灣總人口數-中華民國內政部戶政司人口統計資料。

　　第三個指標是觀察每一個人所擁有金融卡的張數。圖三非常清楚的顯示，每一個人擁有的金融卡張數乃快速的增加。從1997年的平均2.12張增加到2016年的平均8.14張。換言之，每一個人所擁有的金融卡增加，交易的便利程度提高，無論在那一個鄉鎮那一個地區，都可以獲得金融交易的服務。

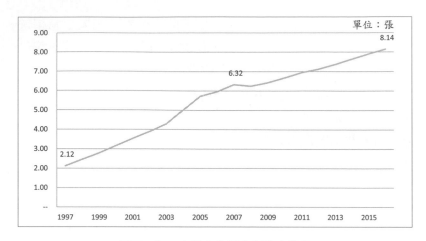

圖三、每一人擁有金融卡張數之趨勢

資料來源：同圖二

企業普惠金融之多元挹注

　　企業是否能順利取得資金，攸關企業與經濟的發展，頗為重要。台灣在經濟發展早期，國營企業與大企業較容易從金融體系取得資金，但是中小企業一般不易由銀行機構籌資。因此，政府設立中小企業融資體系，成立中小企業專業銀行，並且提供各種中小企業融資協助，包括信用保證基金、專案貸款等等。並且鼓勵各銀行，多多承辦中小企業放款。

　　從圖四可見，2000年代以來銀行機構對中小企業放款餘額占總放款的比率，大致上呈現上漲的趨勢，2005年為16.06%，慢慢的增加到2015年24.48%。比率持續上漲代表銀行機構對中小企業的放款有普及的現象，中小企業向銀行籌資比已往相對容易。

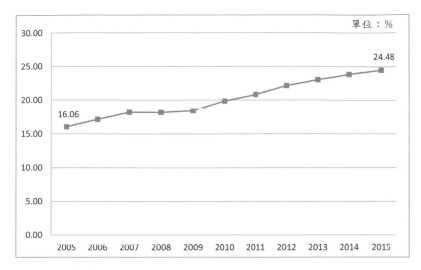

圖四、台灣一般銀行對中小企業放款餘額占放款比率

資料來源：中華民國金融統計指標，金融監督管理委員會銀行局編印。

　　一個理想的企業金融體系，應該是讓企業從開始籌辦到成長成熟的每一個階段，都能夠順利地從金融體系取得所需要的資金。而每一個階段所適合的金融服務型態並不相同。在開始籌辦的階段，需要種子基金，較適合可以接受高風險高報酬的金融型態，例如創業投資事業以及創業天使。接下來，政府如果有意抉擇某類產業或某類企業活動，有值得推動的價值，又不容易從民間取得資金，政府可以適度的介入，由政府提供資金予以協助，包括投資、低利貸款、補助款等等。接下來，達創設階段，可以由工業銀行進行投資，如果企業已經成長了，可以由商業銀行予以融貸資金。接下來企業成熟後則進入資本市場，透過上櫃上市等等方式，募集資金。每一個階段每一項金融服務型態的性質都不相同，由於在創辦的階段風險比較高，較不穩定，會要求比較高的報酬，創投可以扮演如此的角色。而到了最後成熟的階段向

大眾募集資金,則不適合過度高風險資金協助,較適合已經穩定
成長的企業,其績效有過去歷年來的紀錄可循,算是穩定的獲利
性,開放投資大眾可以加入這個行列。事實上,為鼓勵新創事
業,資本市場也提供了興櫃、創櫃等板塊。換言之,如果在社會
當中,金融體系能夠在企業發展的每一個階段,都提供適合該階
段的金融服務,可謂是較為理想的企業普惠模式。

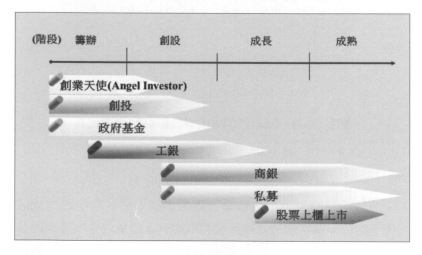

圖五、企業發展階段與多元金融模式

新舊普惠金融之商機開拓

普惠金融的服務型態並不拘於傳統的方式,由G20數位普惠
金融原則,數位金融將打入金融體系領域,甚至用到普惠金融方
面。換言之,普惠金融不再只是傳統的透過增加分行據點或ATM
之方式來達到目標,而是透過日益普及的數位技術、網路交易,

讓社會各階層，各地區都能取得金融服務。雖然對於較為年長者而言在使用數位技術方面，尚有若干障礙，但是這種現象可望逐漸改善。把數位技術加入普惠金融的領域當中，則偏遠地區差距就不再是金融服務的一項障礙。

無論是傳統的普惠金融舊模式，或者是數位的普惠金融新模式，都具有相當的商機，商機可以新創可以延展。只要在提供普惠金融的過程當中，能夠讓需求者確實得到金融服務，並且運用所獲得的資金，從事活動或生產，必然對其經濟行為有所助益，也同時能夠帶給金融體系相當回饋。尤努斯在孟加拉的鄉村銀行，原來目的是要幫助弱勢的婦女走出貧窮，而實務上運作起來，這些婦女的逾期放款比率並不高，甚至比偏重男性客戶之放款之逾期比率更低，其成功的例子也激勵了很多國家在普惠金融上的投注與努力。

將來數位普惠金融提出之後，年輕的族群也可以運用此管道得到資助，各種交易活動更為順暢，消費行為更具激勵作用，有助經濟成長以及社會發展。因此，無論新式或者舊式普惠金融模式，只要耐心細心的去推敲，納入新科技新思維，必然可以找到相當多的商機型態。

金融普及有賴普及教育。要推廣普惠金融，必須讓供需雙方都知道金融體系可提供哪些金融服務。除了對於金融業者加強普惠金融的觀念外，更需要對金融需求者予以普及教育。無論是企業或者是一般的民眾，都讓他們認知金融體系的結構，以及可以提供的服務型態，供企業界與民眾來選擇適合自己的金融服務方式。

推廣普惠金融，打造成熟而多元的金融體系，潤滑經濟交易

活動，創造加值商機，亦有助於消弭貧窮差距，頗值得各界共同努力。

（《台灣銀行家月刊》第89期，台灣金融研訓院，2017年5月）

金融中心排行榜的推擠

　　國際金融中心的排名，年年變動。英國智庫Z/Yen集團與中國（深圳）綜合開發研究院聯合發佈全球金融中心指數GFCI（Global Financial Center Index），每年於3月與9月發表報告，各界總睜眼看榜。至本文撰稿日止，最新一期為2019年3月第25期，若翻閱歷期排名，可看到不斷超越的快速前進者，也有遭到擠落的讓出座位者。究其原因，各有千秋。

　　首先看冠軍寶座誰屬。從該報告2007年發表第1期以來，英國倫敦即列為第一，美國紐約列為第二，但是2018年兩強易位，換成紐約居冠。倫敦的金融中心光芒已經趨淡，尤其受到迫在眉梢的脫歐困境所擾。英國這關鍵的脫歐走向，如果不能妥適解決，傷害不小。一些金融企業與生產事業，從脫歐公投通過之刻，已陸陸續續拔腿，跨越英吉利海峽，往其他歐洲國家進駐。四百年來，英國握有經濟貿易優勢，造就了其金融霸權地位。至2018年，英國首相梅伊未獲國會支持，三度被否決脫歐協議，與歐盟之間難以順利完成必要談判，不耐的企業家們已帶著金融資產與人才投靠他國，也帶走了金融中心冠軍的寶座。

　　第三名與第四名截至2018年分由香港、新加坡獲得，排名不變。香港擁有兩項原因：其一，在英國殖民管轄時期，已發展出成熟開放的金融體制；其二，中國封閉時期，香港扮演中國對外

貿易的窗口，經濟快速成長，金融隨之迅速擴張。1980年代中國改革之後，多家產業與金融企業在釋股民營化過程中，也藉由香港證券市場來進行，交易規模甚大。

新加坡一直被視為小國典範，國土有限，經濟亮眼，金融活躍。國內高度管制，金融方面採取內外分離的理念，迎上國際金融潮流，很快地讓境外金融成為國際金融中心，創新的活力，全球接軌，讓這小國順著國際浪潮態勢衝浪得分。

日本自1980年代後經濟停滯，原本世界第二大國暨亞洲第一大國的地位，已在2010年拱手讓給中國，當年東京具有金融中心第5名的聲望，然而，到了2018年，東京讓位了，輸給上海。未來東京恐繼續落在上海之後，難以在中國圖強聲勢下找到反彈機會。將來日本在全球的經貿金融與政治地位，乃是其首相以及2019年五月新任的日本天皇必須關切的課題。

中國除了香港、上海之外，北京也不落人後，目前進入前10名，與瑞士的蘇黎世競爭第8、9名；深圳、廣州、青島擠入前30名。中國的金融中心地位，與人民幣國際化程度攸關，人民幣短期內無法取代美元、歐元、日元及其他國際化貨幣。這幾年來，離岸人民幣中心陸續開張，2016年10月人民幣進入特別提款權（SDR）貨幣籃，在國際清算系統中比重也逐步增加，行情看漲。

歐元中央銀行所在地在德國法蘭克福，2014年已是第10名，這兩年亦為第10名。歐元已是多國通用的貨幣，一直無法擠入前5名。歐元整合過程無法有效融合各國之結構，彼此磨擦，削弱其對外競爭力，不穩定的政治經濟情勢擋住了金融的腳步。到底能否有效解決歐元內部結構的爭執互耗，挑戰著領銜國家德國的

能耐。

中東金融中心杜拜，聳立著豪華氣派建築，金光閃閃地吸引全球資金，2012年排名18，到2019年升至12。杜拜在炎熱的石油產國中締造奇蹟，政府以快速便捷的服務窗口協助跨國企業進駐，旅遊設施提供各國富商巨賈頂級服務，吸引外資滾滾前來。

台灣金融發展的國際評比，在全球浪潮中浮沈。台北2013年為36名，2015年進步至25名，但2017至2019年近四期IGFI報告中排名各為27、30、32、34，持續退步中。歷年來，台灣金融排名在全球中堪稱中等，目前稍勝排名36的韓國首爾，但是近期排名持續下跌的警訊，不能不留意，否則在全球金融激烈競爭、強敵致力奮進之際，原地踏步即是退步。

值得一提的，金融發展宜有紮實的經濟實力來鞏固，否則一味衝刺金融暴利，恐會落入泡沫漩渦，甚至釀成金融危機溫床，並非智舉。2008年金融海嘯，戳破漂亮的金融暴利數據，若干過度倚重短期金融高利的國家多受重傷，如冰島、愛爾蘭等，曾在困境中煎熬一場。今且留意GFCI評分金融中心之準則，乃從經商環境、人力資源、基礎設施、發展水平、國際聲譽等方面來評分，重視基建環境，並不以數算金融資產與交易規模為唯一指標。從金融中心排行榜，不難看出各據點軟硬體實力。

（工商時報，2019年4月12日）

文創新籌資工具研發

英國著名搖滾歌手鮑伊（David Bowie），走紅數十年。銀行家David Pullman為他設計了一項新金融商品，於1997年發行一種債券，將這位歌手的25套專輯作為債券之擔保資產。這是世界首椿以智慧財產權作為標的資產而設計之債券，被稱為Bowie Bonds或Pullman Bonds，以此二人之姓來為此債券命名，被視為智慧財產權債券之代表性金融工具。此乃為文創產業籌資工具之一項創意設計。

文化創意產業之範圍包括視覺藝術、音樂與表演藝術、電影、廣電視、出版、工藝、設計、創意生活、數位休閒娛樂、文化展演設施等。由於文創產業甚多創意元素，其市場反應與銷售情形反差甚大，不若製造業之流程與產品已標準化，其報酬不穩而難以事先評估，對資金提供者是一大風險。因此，如何運用妥適之金融工具，頗為重要。傳統工具不足時，便需研發新種金融工具以助籌資。國際上對於文創產業推動行之有年，在籌資工具之設計上亦有若干佳構。

以電影而言，每部賣座好壞情形如天壤之別，大筆出資下去猶如豪賭。美國電影業集中地好萊塢，位於洛杉磯，每年產出電影無數。在洛杉磯此處，也是創業投資事業的大本營。好萊塢歷久不衰地順利完成多部膾炙人口的大銀幕作品，鄰近活躍的創投

有關也有不少貢獻。創投性質上從事高風險的投資，支助賣座不穩的電影，乃是協助電影業發展的一大動力。

國際上有若干保險性金融商品，可在文創產業上運用。為保證電影在拍攝過程中能夠順利，發展出保險保證措施。例如：拍攝電影期間需要一片茂盛的麥田，但氣候多變，不能保證麥田能夠如願長成，遂向保險公司投保，以完工保證保險方式來分散不確定風險。然而，這在國外可行，若引進台灣，尚需克服此商品之市場規模是否足夠的問題，須有相當市場規模作為基礎，才能發展為成熟的金融商品。

信託機制亦可發揮若干功能，將智慧財產權委由信託機構管理，可達到使用、籌資、處分之多重效益，又可有效隔離受託人的破產風險。上述種種金融工具，在國外採用，在國內尚未盛行，可參考研析之，考量其合適性。

銀行業進行融貸，依據我國現有銀行法規，進行文創事業融資，並無障礙，唯是否進行融貸則取乎於銀行之評估。由於文創事業不似一般製造業之產品市場價值明確，鑑價結果往往相差甚鉅，尤其未經市場檢驗者，令人卻步。倘若銀行家具有前瞻思維，有意扶植文創產業，衡量過銀行之風險胃納量之後，不失為一項可考量之標的。若再加上信用保證，自更有激勵作用。近年來台灣已有數部電影乃是經過銀行融資以及中小企業信保基金予以挹注支持。此外，櫃買中心已推出之創櫃版，不但提供創意之資金供需平台，也對帶動民間參與注入活力劑。臺灣金融界對於文創事業之涉獵，無論銀行界、證券界均已留下軌跡。

文藝界與金融界之間已往原存有鴻溝，金融業難以認定創意之價值，文藝界不解金融之錯綜環節，有賴雙方加強彼此交流接

觸。金融業應多認識文創內涵，融入金融工具運作；另一方面，文藝界工作者亦應對金融體系之運作模作予以瞭解，包括預算之編列、收支之掌控、各金融工具之期限與特性等。在文藝與金融界兩方之間，或可有第三方，屬文創與金融均熟稔之專長人士，居中媒合與溝通，尋求適切管道，研發文創籌資工具，鋪陳文創籌資之潤滑環境。

（工商時報，2013年12月6日）

活化銀髮金融環境

　　台灣快速成為高齡化社會，2016年超過65歲老年人口數已超過14歲以下年輕人口數，內政部推估2025年老年人口占總人口比率將超過20%，到2060年此比率將達近四成。銀髮社會環境下，醫療、消費、儲蓄、投資、各方面，均有特殊習性。為其打造適切金融環境，乃趨勢必要，無可避免。尤其在年金改革之後，退休之銀髮族福利受影響者不少。本文暫且不論年改正反意見之是非屈直，但論加速活化銀髮金融環境，增加退休者之資金運用機會，一方面關注社會高齡者生活所需，另方面也是市場研發新商機所在。

　　年金制度進行改革，公教年金新制定於2018年7月1日開始實施，軍人新制提案尚需立法院進一步研議，在降低財政壓力考量下，軍公教退休族群將面臨較嚴峻之資金情境。無論各制進展如何，想見未來退休者福利恐將減少，其財務規劃運用受到影響。對此問題，政府與社會宜予以關注，引導其適切因應。不少退休者依然不瞭解年改後個人影響程度，政府可透過網路系統與諮詢窗口，提供每位退休者未來實際支取金額精確數據，並多推廣此資訊管道。

　　金融體系可對銀髮族群加強支援，活化市場機制，讓此族群能有改善財務窘迫情境之機會。金融商品不斷推陳出新，眼花

繚亂。不諳商品者宜避免捉襟見肘反被誤導，甚至遭蒙詐欺。金融人員引導客戶理財規劃時，須先認識客戶類型（Know your customer, KYC），根據客戶年齡、所得、教育等背景屬性，研判適切之金融商品。軍公教人員原有穩定薪資及退休收入，在理財規劃上較穩健保守。根據退撫基金歷年調查，公教人員對退撫基金之操作態度多贊成採行穩健經營方式，不喜過於積極冒險，可見其自身理財可能亦採穩健保守模式，較欠缺高槓桿財務操作經驗，風險承受度有限，宜擇適切其習性之金融商品。

金融普及之普惠金融的推動，是項不停止的工作。金融知識不足，常是投資失當遭致損失之一大主因。2008年金融海嘯之後，各國深切反省，無論美國、英國、我國之金融改革方案，均強烈建議必須加強金融知識之教育。對於各級學校、各地社區、各類工作族群、各年齡世代，均應導入正確理財觀念，期能量入為出，珍惜信用，並在採取投資行動前先衡量風險狀況。舉凡高風險之金融商品，除非客戶本身已有認知並在風險上具備相當承受度，否則不宜輕易嘗試，尤其是高槓桿之衍生性金融商品。忌憚風險之保守態度者，或只選擇存款；干冒風險之積極投資者，投資前更須確實認識商品性質。

除了由政府對銀髮族提供支援外，且須讓市場機制更為順暢。不少銀髮族金融商品可進一步發展，研發符合需求之新種服務。當政府所提供之社會型退休金保障降低時，加強商業型年金保險，補充退休保障缺口。若干模式已逐步萌芽，諸如逆抵押房貸之以房養老，以房產向銀行貸款，由銀行支付一定的金額，讓老本不足者有穩定安老金。又如：活化保險商品，讓壽險保單活化，透過保單轉換解決高齡要保人的經濟及醫療問題。另有安養信託，確保年老者專款專用在自己所需用途上。實物支付型保

單，支付現金外之護理安養等服務。政府且可透過租稅優惠，拓展長期照護保險及商業年金之市場。

高齡化社會的運作模式相當多元，國際上高齡化社會的經驗值得借鏡。日本地方型金融機構協助高齡居民貼心服務，其銀髮就業中心作為退休者專業再度運用平台；荷蘭推動長照保險，實現在地老化目標；芬蘭年金中心專注研究，提供年金永續之科學論據；不少國家的金融機構採行異業結合，投入長照環節。

政府長照機制之資源有限，必須結合社會資源，拓展效能。期許政府各部門共同研議，結合金融、照護、就業等機制，引導金融機構投入，研發金融商品，期以補充政府長照機制資源不足之處，也活絡了市場商機。面對人口結構改變老化，退休收入降低的趨勢，銀髮金融乃必然潮流。

（工商時報，2018年6月1日）

科技金融新世界的思維交戰

「新世界交響曲」是捷克波西米亞作曲家德弗札克（A. Dvorak,1841~1902）最受歡迎之代表性作品，他受邀至美國紐約擔任國民音樂院院長三年，此期間在美國創作了此曲。該曲共有四樂章，最具親和力而可吟唱的旋律是第二樂章，被不同語言填入「念故鄉」歌詞。1969年阿波羅11號太空人阿姆斯壯登陸月球時，其所攜音樂即是此曲。在新世界中擁抱著念故鄉，看似新舊交戰，追求新穎燦爛星光之際，拋不掉舊有故鄉情誼；故鄉之美也依附著新世界的翱翔雙翼，得以寬廣宣揚，新舊兩相攜手，共譜美曲。

科技金融正在打造新世界，跨大步越高牆，衝上五光十色的跑道。其實新科技引入各行業本即自然趨勢，而金融界近年來更如火如荼地追趕，改變諸多金融態樣，甚至可能將多年打造的架構打破重建。對金融業界、金融主管、以及金融客戶而言，挑戰其舊有思維，扯動其舊有生活型態，新舊相互交戰磨合，在所難免。

吹奏著響亮的號角，新交易型態高調揚旗。網路交易勢如破竹，海外淘寶網、支付寶等等網路購物平台，像巨大吸盤般，將零散金額吸聚成鉅額資金，每天大量進出平台。此類第三方支付，為爭取國內上路，必須與傳統思維交戰。依銀行法規定，向

多數人或不特定人收受款項或吸收資金，以收受存款論，理應接受銀行法之規範，而網路上大規模的資金活動，卻未在金融規範之列，若有糾紛，甚有詐欺，客戶權益何從保障？經過數年不少折騰後，方在2015年通過電子支付機構管理條例，制定該類機構最低資本額5億，並規定收受每一使用者款項不得超過5萬元餘額，此規範作為第三方支付上路的第一步。可見舊思維接納新思維的調整過程，須經過一場困戰，慢慢啟步。

比特幣的出現，讓世人困惑也讓不少人著迷。各國貨幣理應由具有鑄幣權的中央銀行來發行，私人不得自行鑄幣，否則觸犯國法。然而，竟然透過挖礦科技創造比特幣，以區塊鏈作成快速的交易，成為可以交易記帳之媒介。其幣值報酬率可飆到甚高，吸引了不少投資者，某些金融機構似參與之。各國對其鬆緊措施不一，容納程度不同，並未絕跡。我國央行也在潮流下，開始思考法定數位貨幣之可行性，由於須考慮事項甚多，尚未能倉促上路。未來，央行「貨幣」一詞的定義或將重新設定，原來M1A、M1B、M2的用法與內容恐將不敷所求，須重新思慮貨幣政策操作工具與運行策略外，更挑戰了貨幣政策有效性。

目前都會鄉鎮街坊，常見銀行分行比鄰而立。大多銀行已提供網路交易平台，仍保留實體分行，讓客戶可以臨櫃交易。未來網路交易比重日增，強勢擴展，是否可能網路銀行取代實體銀行，以純網銀面貌面世？須作的配套措施不一而足，不宜驟開方便之門，金管會2018年4月公布開放申請純網銀，步步為營。據傳Line挾其無遠弗屆的廣大通路，已磨刀霍霍，有意結合業者申請純網銀。至於原本存在的實體分行，乃多年金融交易的據點，也是客戶習慣的來往型態，屬銀行的可觀資產，應不致於輕易捨棄，各自盤算後，或許裁併，或許發展新的業務，有創意醞釀空

間，也衝擊著現有金融監管思維。

　　轉型涉及跨業經營，有待監理規定之鬆綁，不只限於不同金融業之間的合作，是否可與其他服務業多元異業結盟，除了目前已有銀行信用卡與餐飲業、旅遊業、百貨業之合作模式，能否容許更多模式？在開放過程中，如何設定風險防火牆，守住產金分離的原則，又給予業者發揮的空間，在思維上又一交戰。

　　駭客問題，一直是科技金融不可避免的隱憂，此乃重視穩定的金融體系不可拋卻之重要考量。資訊業界須扛起資訊安全性保護之重責大任，將風險與駭客問題先作有效防範。最陽春的作法，先將所有交易資料進行備份。以區塊鍵而言，技術複雜性固可降低駭客的入侵率，但仍有若干結點漏洞，技術仍在繼續研發中。發展科技金融之道上，若能藉由更高層次的科技，降低資訊系統的各種風險，則此路走來寬敞平坦，否則必然一路令人忐忑不安，拋不開擔憂。

　　新世界交響曲須有相當規模的管弦樂團方能演奏，弦樂器、管樂器、敲擊樂器，盡責地各司其職，最後在氣勢磅礡中作結，成功的演出贏得觀眾如雷的掌聲。迎向科技金融新世界，必須新舊思維在交戰中克服技術障礙，擷長補短，兼顧穩定與效率，擺脫金融失序的威脅，這是世人的期待。

（工商時報，2018年6月1日）

第二篇

經濟視野之延展

壹、跨國風貌

- 填海國度的藍海策略
- 改寫全球經貿史的巴拿馬運河
- 銅礦王國的優劣勢
- 農牧邦國的金融夢遙
- 探戈原鄉的坎坷經濟路
- 龍舌蘭的國度，不再坐等援助
- 鋼索上的芭蕾

填海國度的藍海策略

　　荷蘭人口約比台灣少四分之一，土地面積約比臺灣多四分之一，人均所得約為臺灣兩倍。荷蘭又名尼德蘭（The Netherlands），意為低地國家，只有一半國土高於海平面一米。其人口稠密，土地不敷國人所需，數世紀以來便開始在大海填土，把大海與湖泊改為人類可居之地，人造土地約占國土五分之一。這個先天土壤資源不足的國家，不但填海向上天要地，也拓展寬闊視野，不斷發揮創意，尋求新的生存商機。

　　荷蘭濱臨北海，位於萊茵河的入海口。善用此地理環境，重要大城鹿特丹長期成為歐洲對外的最大港口，歐洲經貿由此窗口進出，為全球第五大貿易國。多少世紀以來，荷蘭人揚帆航海，遠渡重洋，在世界各地尋求海外商機。該國造就了多項經濟亮眼成績，也在金融面打出不少先鋒旗幟，不論正面成果或負面經驗，都留下重要紀錄。

　　期貨的雛形，在荷蘭早期的鬱金香市場便已出現。十七世紀初，鬱金香透過開放的市場引入荷蘭，艷麗花瓣吸引了不少植物愛好者，也是高級時尚圈的珍藏。由於鬱金香並非短時間可以大量繁殖的植物，有些種植法需數年方能開花，需求者眾，供不應求，遂有預訂交易，產生期貨的概念。

　　全球第一個經濟泡沫，乃是荷蘭鬱金香狂熱的破滅。1634年

投機分子進入鬱金香市場，哄抬價格從中獲利，價格飆高之烈，甚至有人以一棟宅邸交換一個高級品種的球根。後來一般民眾也加入了這狂熱的市場，低價品出現，鬱金香的珍貴性趨於淡化，富豪慢慢失去狂熱，高價哄抬的泡沫破滅，1637年市場崩盤了。此番震驚全球的事件，讓荷蘭與各國學到珍貴的教訓。

全球第一間證券交易所，1611年在荷蘭阿姆斯特丹成立，其股份交易概念與貨船有關。繁忙船舶日夜在港口載貨卸貨，每艘船象徵著一組成本與利潤的組合。每船載著貨品出航，經年累月之後回航，其收益由供貨者依預先協定份額分配。在船未回航前，具備個人份額者若有資金變現需求，將份額出售，市場上出現買賣，多筆買賣聚集而形成股份相互交場市場，即證券市場之發想。

金融發展所需要的開放與創意環境，在荷蘭獲得滋潤成長的溫床。其銀行採綜合性銀行型態，提供多元多樣的服務，很早便在世界重要國家播下據點，支援進出口金融，擴展金融版圖。目前阿姆斯特丹乃世界最大的境外銀行渠道。英國啟動脫離歐盟後，原為歐洲金融中心鰲頭的倫敦被認為有可能暗淡，未來歐洲金融中心龍首地位誰屬，法蘭克福與巴黎虎視眈眈，荷蘭阿姆斯特丹也磨刀霍霍，列名競逐之列。固然荷蘭受到國家與市場規模所限，不易獲得龍頭封號，然其動能與先鋒角色，在環強相之下，始終有其一席之地。

鑑於環境污染議題之重要性，荷蘭致力發展循環經濟，目的為消除廢棄物對環境之污染，重新設計商品和商業模式，提高資源使用效率，有效降低污染排放量。此乃當今他國爭相效尤之處，包括台灣也積極前往探訪取經。

　　成果不是由天而降的，必須付出努力。不錯過國際視野發掘商機的機會，不浪費內部消耗的蹉跎時間，不屈服於先天狹窄的土地資源。開放、合作與努力的精神，豐富了荷蘭的生機。值得一提的，乃是其合作的精神。經濟活動互相合作，政治相互合作。其政黨多黨林立，難以由一黨席次過半執政，常是不同政黨組成聯合政府，共同合作。其主流媒體也有一份不成文共識，不爭相報導醜聞，這也鋪陳了社會所彌漫之氣氛。

　　在浩瀚藍海中尋找創意的新機會，不侷限在小小傳統市場上作紅眼撕殺，以創意視野開闢新的市場，這是歐洲管理學院金偉燦（W. C.Kim）和莫博尼（R. Mauborgne）2005年經濟學暢銷書「藍海策略」之觀點。荷蘭與台灣均為仰賴對外貿易動能的小型開放經濟體，土地面積、人口數目、產業結構，彼此相近。三百多年前，許多國家尚在初期發展階段，荷蘭人已能遠渡重洋，於海外不少地點建立經貿據點，甚至來到9500公里之外，在遠離其家鄉的台灣落足，留下一段安平古堡的歷史。荷蘭人撤去台灣統治權之後，經貿活動依然活躍，開放、合作、奮勇。而今，反觀我們國內，朝野對立，社會分歧，相互內耗之際，荷蘭正攜手揚帆，在無垠藍海上，放眼寬廣視野，探尋新的成長機會。

（工商時報，2017年9月1日）

改寫全球經貿史的巴拿馬運河

　　翻開世界地圖，位於中美洲版圖最纖細處的巴拿馬，像是北美與南美之間的小蠻腰，連繫著北美的蓬鬆上衣與南美的 斜大裙。在巴拿馬運河尚未開通之前，無論歐、亞、美之洲際貿易，或美國東西岸之間的商品載卸，貨櫃輪都要繞過南美洲的長裙擺，才能把商品在太平洋到大西洋之間相互流通，這 走一趟，約需一個月。1914年世界貿易新頁開展了，巴拿馬運河開通，貨輪穿過運河跨越兩洋，只需9小時。

　　巴拿馬運河乃世界七大工程奇蹟之一，利用巴國的卡登湖為接續，在兩洋邊各搭建三套水閘系統，開匣關匣間調整水位，讓船隻在不同水域間移動前進。這樣偉大的工程，改變了全球的經貿結構關係。一整個世紀以來，日日貨船吞吐無數，全年無休，至今已超過百萬艘船舶在此吞吐。至2013年，每日約80台大輪穿越，原來的兩水道不敷使用，啟動了大規模的拓寬工程。由於巴拿馬運河的存在，已讓百年來的國際進出口藩籬大為降低，貿易結構多元發展；未來運河一旦完成拓建，商品流通更為順暢，更會進一步影響到各國生產結構與國際經貿關係。

　　商機所在之處，自必刻印著各國競逐的歷史軌跡。16世紀初，西班牙人踏上這堆土地，運河概念開始萌芽，而真正付諸實行的乃是19世紀末法國人，在深邃的叢林中開墾建設，但受不了

狠毒猖獗的瘧疾與黃熱病，醜聞不斷，遠道而來的法國人難以負荷，不得已放棄。再來美國接手，克服天障也利用天障完成運河工程，並與巴拿馬談妥 命條件：美國幫助巴國脫離哥倫比亞獨立，運河由美國永遠掌管。後來巴國人強烈向美國抗議，直到1999年12月31日，美國在掌管85年後，終將掌控權移轉給巴拿馬。

巴拿馬運河乃巴國主要命脈，占有多方優勢，具備推升該國經濟的諸多條件，其箇朗自由貿易區為西半球最大之轉口貿易區。然而，該國貧富差距甚為懸殊。舊城區建築老朽，留著昔日廢墟作為觀光景點。自他國境外洗錢來此的鉅款，蓋起一棟一棟甚為新潮的高樓大廈，一方面逃避其本國之稅賦，一方面在此累積財富。新舊城區相距不遠，街景差異懸殊，猶如遙遠的兩個世界。

國際經貿要道之交易頻繁，金融乃是重要部門，以美元為流通貨幣，無外匯管制；國內外銀行及辦事處合計高達95家，以外國銀行為其重鎮，乃中南美洲及加勒比海區域金融中心。多年來走私毒梟猖獗，洗錢不鮮，當地主管當局對於洗錢之金融檢查甚為謹慎。至於其證券市場則規模較小；其實，早在運河開始興建之際，便曾多次發行運河證券來募集資金，這些證券現在都算是金融史上的古董。

拉丁美洲人民的習性總是樂天悠閒，不汲汲營營於追求服務效率，服務業不夠積極。如果讓富有幹勁的台商在此發展打拼，一向具有高度彈性與服務態度的台灣中小企業，想必可在服務業上搶得不少商機。然而，至今台商尚未積極至此布椿，或因巴國離台灣太遠，近赤道的氣候不習慣，不熟悉當地語言西班牙文等

等因素,使得台商至此的腳步猶豫。依經濟部投審會之統計,截至2010年止台灣在此投資案件為71件,為該國出口國第7位,進口國第22位。巴國刻正推動若干經貿計畫,未來會吸引到多少外資,會有多少台商留駐,有待觀察。

海邊望浪,日日潮起潮落,海鳥棲息露岩上,船帆搖曳海波間。運河紀念碑旁的樹園間,眾多鳥啼競相飆唱,高低樂音交迭。卡登湖畔的原住民部落Embera侃侃訴說著其族人的歷史與衣著手藝,帶領來客遠離塵囂,遊蹤山水。近年來,原本不被重視的旅遊業賣點,逐漸甦醒。巴拿馬這個只約360萬人口的國家,除了掌握著世界經貿的咽喉之外,似已發現尚有不少資源與改進發揮的空間,等待開發。

(工商時報,2013年6月7日)

銅礦王國的優劣勢

　　當北半球秋風迎面，嚴冬趨近的時刻，南半球正是春臨風和，花紫果熟的暖季。在遙遠的南美洲，其中有個銅礦王國，即為智利。智利近年來在南美洲中經濟成長最為亮眼，目前在南美洲中人均所得最高，2010年加入了經濟合作與發展組織（OECD），是南美洲唯一加入此組織的國家。

　　大地賜給智利豐富的自然資源，沿著安第斯山脈與太平洋，展開狹長而多元的領域。據報導，智利國家統計局（INE）2012年11月29日公佈，1至10月，智利銅產量共計4,461,674噸，較2011年同期增長3.8%，乃是全球最大的銅生產國。多年以來，礦工一直是極重要的生產人力。然而，採礦工作具高度危險性，早期階段之工作安全與福利未受重視，常有礦工在礦災中慘遭滅頂。後來經過若干制度改革，方逐漸改善礦工待遇福利。2010年8月，智利便上演了一場全球矚目的礦工救難記：智利北部聖荷西礦山一座礦坑塌陷，33名礦工受困地表下700公尺。礦工的機智，各國的關切，智利政府的適切因應，在69天後竟能把所有礦工全部安全救出。而該礦工局長也因這次表現傑出，成為明年角逐下屆智利總統的熱門人選。可謂，在這個國度，黑暗中的採礦世界，已逐漸走出生命的陽光。

　　大地不但賜給智利富碩的礦產，也準備了豐潤的農產環境。

依山傍水的土地上，甘甜的蘋果，圓潤的櫻桃，打進了世界各地市場。以台灣而言，便是智利水果出口的重要市場之一。智利在土壤與氣候種種優渥環境下，葡萄園面積占全國水果總種植面積21%，釀成一桶桶一瓶瓶的香醇美酒，征服了國內外多少杯中客。

或許是自然資源的豐富，使得這個國家得天獨厚，民眾多可仰賴自然資源來填飽肚皮。因而，該國對工作效率的追求不夠積極，對於時間的掌握，也不重視；即使是一場來自遠近三百多人的國際會議，也可能發生開會時間已到而大會堂大門未開，工作人員來不及提早備妥，讓數百人在門外等待三十分鐘之情事。看來熱情樂觀的性格，讓時間的腳步在此有些蹣跚。該國對於學童教育，亦未投入足夠公共資金，使高昂的學費一直被人詬病，低下收入學童就學機會不足，常有學子聚集抗議學費的沉重負擔。

工作效率不彰，影響了生產力的發揮。除了農礦業外，雖然若干工業與服務業已經發軔，但與台灣相較，整體產業生產力尚待改進。如果台商來此駐點，台商認真的態度，應可取勝當地不少產業。只是，從台北搭機須兩天機程，從北半球跨過赤道來到這西班牙文當道的南半球，對台商來說相當艱難，挑戰不少，但也機會不少。而治安與社會秩序環境，也是台商須適應之處。目前台商來此投資家數約為240家，尚無金融機構來此設點。

雖然智利在南美洲國家中拔得頭籌加入OECD，智利乃是OECD中貧富差距最懸殊的國家，最富10%所得為最窮10%所得27.5倍，這也是智利群眾抗議之重要原因。無論是礦工、學童，勞工等，都在爭取資源，不斷發聲。智利電影「那年陽光燦爛」即是描寫1973年政權動盪時貧富差距懸殊的冷血社會。而今已是

民主政治體制，但是貧富問題仍是社會痛楚之源。

　　快速經濟成長與縮短貧富差距，一直是各國發展的重要問題，是政府追求的重大目標。目前，智利充分發揮了其優勢，展現國際比較利益，在農、林、漁、礦等自然資源為主的產業上，占有國際經貿舞台相當角色。接下來，到底智利如何繼續強化其比較利益，是否會補強其相對弱勢部分，提昇非仰賴自然資源的產業之國際能量，其發展路徑隱喻著南美洲未來可能的圖騰。

（工商時報，2012年12月7日）

農牧邦國的金融夢遙

　　每國之經濟發展模式，須考量其相對優勢，展現特色，顯示強項。有些國家科技為重，有些國家農業為本，有些國家金融較強。若想成就金融中心，這樣的大夢，固然各國可以論述。但是，並不是每個國家均有成就金融中心的條件。一個長期以農業為主要生計的國家，除非有心經營，否則金融業難成為其強項。

　　以牛羊乳製品聞名的紐西蘭，其牛羊牲畜口數比人口數多，人口4百多萬，羊約3000萬頭。乳牛、肉牛亦各有數百萬。在藍天綠地的草原上，處處牛羊徜徉。雖然農業只占其勞動力10%左右，但是其出口品則以農業品為主，農業可謂是其最重要之經濟產值動力來源。

　　大自然雖賦予美景與資源，並未賦予永久的安逸。2010年9月4日達菲爾鎮、2011年2月22日基督城發生震驚全球的大型地震，元氣大傷。對當地保險業衝擊甚巨。迄今重建工業未臻理想，復建之路漫長艱苦，災戶理賠作業亦不順遂。

　　若論及紐西蘭金融服務業，其代表性而具規模的銀行甚為欠缺。在其境內最大的銀行，全是澳資銀行，至2013年共有五家，曾經遭到控訴，謂有聯合壟斷之嫌。至於紐西蘭本土銀行而偶被提及的有兩家，規模較小，未成氣候。

　　難道農業強盛，金融業便無法壯大？這與其發展策略有關。如果自然資源豐富的國家，仰賴天賦條件所帶給它的經濟產值，便對發展其他產業之需求的必要性降低，不重視服務業，連帶地金融服務業也難見到成績。紐西蘭的工資昂貴，加班風氣不盛。社會風氣使然，服務態度左右服務業發展，尤其是金融業的發展潛能。

　　2013年，紐西蘭遭遇30年罕見的乾旱，許久不見甘霖，使農產品產量受到影響，部份地區甚至開始限制工業和生活用水。旱災帶來的牧草減少、牛羊存數下降和產奶數量下降，衝擊了紐西蘭的乳製品生產和出口，也推高乳製品的銷售和出口價格。各國自紐進口的奶粉有漲價壓力，國際上全脂奶粉期貨價格也創了歷史新高。

　　紐西蘭自2008年擔任總理的約翰‧基（John P. Key），係哈佛大學畢業，具商業、管理之學位，曾在紐西蘭外匯市場工作，並曾在美林證券任職並負責其全球外匯部門，也曾在美國紐約聯準會之外匯委員會工作。其金融背景豐富，顯示民眾期待其能在經濟金融方面發揮長才。他曾提出讓紐西蘭發展成為亞太金融服務中心的構想，希望透過零稅率政策吸引亞太地區基金來紐西蘭投資，以期刺激當地就業與經濟，成為南太平洋之「瑞士」。然而此構想不獲財務部支持，認為租稅天堂在金融危機發生後已在國際市場上遭到譴責，不具發展空間。因此，紐西蘭金融中心之夢，已經喊停。

　　經濟主力仰賴農業，並不代表不能發展金融業或其他產業，但是各種產業所需的服務品質、專業技能，都需相當的人力投入。如果一國只仰仗農牧自然資源，不思科技提升與服務業品質

進步,便只有仰仗氣候甘霖與大自然恩賜,靠天吃飯。在目前大氣變遷,地震不穩的環境,若純靠農業產品,則風險與時俱增。為平穩農牧業物價,若干措施可以考慮,包括金融體制與金融商品的運用。一般而言,期貨市場有助於未來價格之掌握,如果加強期貨商品的運作,便可降低其農牧物價變動風險。

紐西蘭已開始強調工業與科技發展,稍有進展。這個南國,一方面要持扶科技業與其他產業,另方面要克服天災之傷斷。所幸地,璀璨的陽光,寬闊的草原,悠閒的牛羊,依然勾繪著亮麗的紐國風光。日間沉寂的火山洞口,夜裏閃爍的螢火星光,引人來此駐足思遠。這個美麗的國家,或許金融業不是當務之急,依然在農牧業與旅游業的優勢下前行。

(工商時報,2013年4月12日)

探戈原鄉的坎坷經濟路

　　阿根廷的首都布宜諾斯艾利斯，乃是探戈的原鄉。舞步風格爽快利落、挺拔倜儻、剛勁有力，本來男士舞蹈時還配帶短刀，保持嚴肅警覺的表情。然而，阿根廷表達出舞曲果斷有力的步伐，卻未在其經濟金融的步伐上也有相似的風格與力量。

　　由探戈的發展，窺得阿根廷社會的變遷，也反應其經濟的背景。探戈原是低層階級的舞蹈，更早源於非洲後裔，未被上層社會接納，迨1912年普選法案通過，一般社會階層能與下層社會整合，探戈遂而普遍推廣。至1950年代，阿根廷經濟滑落，布宜諾斯艾利斯探戈逐漸衰退，某些探戈舞者到海外演出，直到1980年代，新一代的人們肯定了探戈的魅力。目前固然探戈的國際標準舞地位已經奠定，阿根廷的經濟仍然艱辛，一路坎坷。人們失望頹喪之餘，偶要靠著婆娑起舞來打氣療傷。

　　優渥的氣候與大地，造福阿根廷，孕育出「世界糧倉」的美譽。但是，這個農業大國，挑戰重重。阿根廷是一個出口型經濟，靠著農業出口，賺取外匯。農產品佔阿根廷出口的比重又將近50％，除非糧價大漲，否則農產品所能創造的財富有限。其民意代表也多以農業群眾所選出的代表為多。因此，若要作各種產業轉型政策，常要面臨民代極大的壓力。由於財政赤字問題嚴重，政府數度擬提高原已偏低的農業稅率，總是遭到極大反彈甚

至罷工暴動。

以2009年而言，阿根廷小麥欠收，旱魃為虐，可能將沒小麥可供出口，這是百年來首度面此窘境。阿根廷這種靠天吃飯的農業發展路徑，是需要檢討調整了。為了保障生產力未提升的農民，使得產業調整多方受阻，無助於經濟發展與國民生計。

阿根廷曾數度深陷於金融危機之中。1999年至2002年，便是一段相當慘淡的危機經歷。在1999年新總統當選後，便面臨著高失業率、經濟停滯，束手無策。2001年時，人們急著把銀行存款提出而兌換成美元匯出國外，政府遂使出強硬手法而凍結銀行存款達12個月。政治社會失序，街頭流血暴動。2001年底，當選不久的新總統辭職下台，繼任者輔上任也旋及火速下台，政局紊亂至極。2002年，其經濟蕭條與通貨膨脹數據令人咋舌，GDP為負11%，CPI通貨膨脹率為25.9%，失業率為21.5%。這樣的經濟路程，走過、度過，付出的代價與痛楚不言可喻。

自2008年全球經濟金融風暴襲捲以來，大量外資撤離阿根廷，企業和民眾搶購美元，其中央銀行不得不大量拋售美元以穩定匯率，阿根廷比索對美元依然貶值。且在過去歷史包袱的重擔上，阿根廷累積了大量的外債。雖然其政府宣稱不致於發生像2001年的倒債風波，據報導，以2008年第一季底而言，外債為1275億美元，仍遠高於465億美元的外匯存底。

屋漏偏逢連夜雨。當北半球艷陽高照，夏蟬競鳴，新流感H1N1的威脅降低，南半球正是嚴冬季節，朔風獵獵，病毒更形兇狠。至本文撰稿日止，阿根廷已有數千人感染，逾百人辭世，讓其經濟備受打擊。

　　阿根廷政府近來陸續提出改革方案。為改革財政，2009年7月，阿根廷宣佈要作新債務改革。為穩定匯市，自2008年以來，阿根廷聯邦共收入管理局和中央銀行宣佈將聯合加強監控外匯市場的巨額交易。看得出來其政府很吃力地思考著對策。

　　靠天吃飯的哲學，欠缺健全的經濟社會制度，終非長治久安的本錢。隨著世界氣候漸趨無常，全球產業競爭激烈，復加上金融市場失序，傳統農業再也難以全力撐起一個國家的長期生計。阿根廷要找到經濟承平之道，相當坎坷；疲頓之餘，可在探戈的強勁節奏中尋找力道與撫慰吧！

（經濟日報，2009年8月1日）

龍舌蘭的國度，不再坐等援助

　　墨西哥的龍舌蘭要抗議了。龍舌蘭的鱗根經由提煉發酵蒸餾可製作成酒，稱龍舌蘭酒（Tequila），為墨西哥賺取了不少出口外匯，以致於談到龍舌蘭酒即指墨西哥。然而，2009年春以來，想到墨西哥卻會想到H1N1疫情，不但打擊墨西哥的經濟，也醜化了世人對墨西哥的印象，抹煞了龍舌蘭酒所多年營造出來的香醇與活力。至於國際上所謂的「龍舌蘭酒效應」（Tequila Effect），指的不是該酒的美味氣息，而是用來描述墨西哥1994年金融危機並衝擊到拉丁美洲與亞洲之風暴。

　　H1N1於2009年4月在墨西哥爆發時，全球譁然，經貿急凍，墨西哥更是受創慘重。金融海嘯之後雪上加霜，其消費、旅遊、貿易，全部重創。據報導，其4月份成長率與前一年相較，重跌12.2%，預計2009年失業人口可能達60萬。雖然不少國家的央行已陸續停止降息，但是墨國該年已連續六個月央行降息，將基準利率從年初的8.25%降至目前的4.75%，急切地想進一步運用低利寬鬆貨幣政策來振興經濟。

　　墨國經濟能否振衰起敝的關鍵，在於美國。美墨相鄰，望衡對宇，其相互貿易占了墨國貿易總額80%左右。以龍舌蘭酒而言，約有60%用於出口，其出口中約八成鎖定於美國。只要美國經濟沒有起色，消費萎縮，向墨西哥購貨的訂單立時削減，墨國

經濟也陷於停滯，兩國之間關係緊密。然而，雖然美國是此次金融海嘯的源頭，但卻仍穩坐世界發言龍頭地位。墨西哥在各方面，顯然沒有它的鄰國老大之美國的優勢。

墨國曾經歷若干次嚴重的經濟金融風暴，自1970年以來，至少發生過三次金融危機，分別在1976年、1982年與1994年，時間差距約六年或十二年，乃與其六年一次大選的時間掛勾。以1994金融風暴而言，當年正逢大選，執政黨為選票考量而大量舉債，物價上漲又採貶值政策，復加上一連串錯誤政策搭配，以短期外資彌補經常帳赤字，實施金融自由化而未加強金融監管，政局動盪打退了外商投資意願。1994年12月5日宣布墨西哥幣披索（Peso）貶值15%，結果造成大量資金外流，外匯存底大量失血，12月22日政府宣布自由浮動匯率，更引發國際疑慮，匯率大貶，至1995年3月披索貶值超過70%。後來新任總統便將危機歸罪於前任總統的「十二月錯誤」（December Mistake）。結果，美國總統柯林頓出面協調國際金融組織，包括國際貨幣基金、國際清算銀行與加拿大央行，均對墨面提供貸款援助，終將匯率穩住，經濟在隨後幾年內恢復正常發展。

2009年墨西哥困境，主因不在大選，而在金融海嘯，乃是其衣食父母美國所致。看來墨西哥若仍只是殷殷等待美國之援助，怕要望穿秋水了。美國本身是泥菩薩過江，自救難保，無暇全心照顧墨西哥。

龍舌蘭的國度，數次金融危機，苦雨淒風，復逢這多災多難的年度。它是否靜靜等待著它鄰國老大美國的復蘇並伸出援手？墨西哥希望重回到承平時期把龍舌蘭酒香大量飄送到他國的時光，期待國際認同它列名於金磚四國（中國、印度、巴西、俄羅

斯）之外的第五國。等待是它的重點生存方式嗎？還是它本身能夠自省，在當今危機中找到更佳的策略？

不等美國救援，墨國自身的功課不少，包括H1N1疫情延燒所暴露出的醫療系統之缺失，貿易過度集中於美國所顯示的利弊，以及政局不穩所付出的金融危機苦果，均非單靠等待便能改善的現象。在這困難的金融海嘯期間，能否擇機浴火重生呢？陸續看到墨國政府提出提振就業、促進投資等方案，至於能否奏效，展現勵精圖強之經濟佳績，就讓我們等著觀察吧!

（經濟日報，2009年7月16日）

鋼索上的芭蕾

　　談到有成就的芭蕾舞國度，會讓人想到俄羅斯；而論及有成就的經濟地區，卻常會遺忘俄羅斯。俄羅斯雖然也想在經濟上躋身列強，但幾度像在鋼索上跳舞一樣，走得搖搖晃晃。

　　俄羅斯在2009年6月16日以金磚四國（BRICs）之名，舉辦了一場世界矚目的會議，四個國家的領袖會面，分別來自巴西（Brazil）、俄羅斯（Russia）、印度（India）、中國（China），此四國當時被視為新興經濟體中的明日之星，具龐大市場經濟潛力。此會議討論金融海嘯國際議題，甚至公開挑戰美國的世界主權貨幣地位。

　　但就在此國際大型會議舉辦之前一個月內，國際報導陸續出現某種聲音，包括經濟學人、英國時報、投資銀行之分析報告，有人已質疑俄羅斯是否夠格繼續掛名金磚四國之一，應否將「BRICs」刪去「R」而減為「BICs」。蓋金融海嘯期間，俄羅斯之經濟成長率2009年第一季萎縮至負9.5%，乃為四國之末。其生產資源以原油與天然氣為主，但油價在金融海嘯期間狂跌，經濟生機如被扼喉。經濟基礎單薄，政治風險偏高，銀行體系脆弱。國際貨幣基金（IMF）近來已警示：俄羅斯需要全面性的壞帳與短缺資金批露計畫。

　　以當時俄羅斯的經濟實力，並不足以單挑美國，卻大張旗鼓

打著金磚四國的招牌開會,甚至向美國嗆聲,這是金磚四國史無前例的第一次會議。觀乎俄羅斯召開此會議的意圖,似有藉以強化其緊繫金磚四國地位之意圖,以免遭到除名。這種暫時性的宣傳作法,可看出其執政當局之努力,且隨著全球經濟開始出現吐芽回春,油價止跌而開始攀爬,暫時止住了其被從金磚四國除名之討論。然而,並未看到俄羅斯提出解除經濟根本問題的作法。

俄羅斯的經濟發展路線,總像走在鋼索上一樣失穩。1991年蘇聯解體,從共產社會主義邁向市場經濟。市場經濟制度的效率較高,但是各種配套機制必須完備。俄羅斯的轉型方式太過粗糙,未經縝密規劃,它廢除計畫經濟和全民所有制,朝遷事變,只是冒然將原有制度全部捨棄,民眾沒有經商經驗,欠缺成本利潤管理觀念,勞資關係混亂,個人維生技能未具,人民物質生活條件反形惡化,經濟、政治、社會的不安,演變成1993年的莫斯科群眾騷動。

搖搖撞撞的路線,到了1998年,終引起各種危機的全面爆發。金融市場劇烈動盪,盧布貶值,銀行系統全面癱瘓;財政赤字原為舉債方式改為發行貨幣方式,拖欠退休金造成勞動者不滿,政府頻繁更迭與社會政局不安,各種問題積重難返。其問題之嚴重,引起全球注目緊張,甚至有所謂的1998年「俄羅斯病毒」之喻。

俄國著名音樂家柴可夫斯基所創作之芭蕾舞「睡美人」「胡桃鉗」「天鵝湖」,是世界上最偉大的古典芭蕾舞劇。舞者踮著腳尖旋舞,雖然腳尖之著地點不多,但能立、能跳、能轉,此乃高難度的挑戰,需舞者多年打造基礎功力。然而,俄羅斯的經濟發展,並沒像其芭蕾舞者那樣做好內力根基,幾度急急然起舞而

屢摔跤,坐困愁城。

　　觀乎俄羅斯的經濟結構,非常不平衡,其鋼鐵、有色金屬、石化、航空、核能、軍工等工業皆具世界領先水平,但其輕工業,如食品、輕紡、家電等卻不能自給。俄羅斯若要拓展經濟根基,可考慮若干方向,例如將其航空與軍工方面的科技化為民間科技產業的能量,提昇企業創新能力,並且強化銀行體系等等,尋求兼顧利基、穩定而具動能的發展路徑。未來俄羅斯能否在危機試煉中繼續留駐金磚四國,不再被人提出「BRICs」減為「BICs」的論調,就看其經濟金融基礎是否打造強靭了。

（經濟日報,2009年7月4日）

貳、跨業文創

從諾貝爾獎看經濟學跨域

　　跨域整合，讓有限的領域更為開拓更為寬廣，乃是日益強化的趨勢，出現在多項學門。以經濟問題而言，涉及的層面總是跨領域的，例如當今議論紛紛的美中貿易戰，包含經濟、貿易、政治、科技等面向，並不是單從經濟角度切入便能得解。經濟問題盤根錯節，受到政治、社會、人文諸多因素影響，以及國際情勢之衝擊，已不是單純只從經濟理論便可解決問題。經濟學在發展之初，本即與政治緊密結合，政府立於治理國家之立場，必須治理好一國之經濟發展，方稱扮演了政治應有的優質功能。「經濟」一詞，溯自隋朝王通《文中子》：「皆有經濟之道，謂經國濟民」，道出了經濟之格局，及其在國家治理的關鍵地位。

　　歷年諾貝爾經濟學獎的發佈，可看出經濟學界所關切的議題，近年來得獎議題多具跨越領域特性。觀乎2016至2018年三年來之諾貝爾經濟學獎得主的研究領域，明顯看出跨域整合趨勢。經濟社會各個單位及個人之間的關係，常以契約行之。「契約理論」在2016年勝出，由哈佛大學的哈特（Oliver Hart）及麻省理工的霍姆斯特羅姆（Bengt Holmstrom），其研究在於保險、工資及財產權等交易行為。經濟學中的契約理論指的是，研究人類在不對稱資訊下的交易行為與結果，Hart及Holmstrom的研究主要是關於風險與激勵的委託代理問題（Agency Problem），在無法完全掌握風險時，該如何制定出有效的契約，也帶出不完全契約

的假設。在此理論下，除了資訊與交易成本觀念，把法律架構也一併帶入。

2017年諾貝爾經濟學獎得主，芝加哥大學教授塞勒（Richard H. Thaler）更直接挑戰經濟分析的基本假設，以行為經濟學榮獲殊榮。傳統經濟學假設市場上每一位皆為理性的經濟人，作為分析起步，消費者在所得限制下追求效用極大化，生產者在生產技術既定下追求利潤極大化，經過理性研判後，市場獲得均衡解。然而，觀諸許多經濟現象，往往是在不理性的情境下作出衝動的不合理行為。

Thaler把情緒、個性、社會地位等因素加入決策模式，認為每個人的帳戶除了荷包實際帳戶外，尚依不同用途各有心理帳戶（Mental Accounting）。其理論包括三個部分：「有限理性」「社會偏好」「欠缺自制力」，把心理學融入經濟學領域，強調心理上的不理性行為。評審委員指出：他的貢獻在於讓經濟學分析更為人性，更接近實際現象。

自然科學納入經濟分析架構，受到2018年諾貝爾獎之肯定，該年諾貝爾經濟學獎頒給耶魯大學諾德豪斯（William D. Nordhaus）與紐約大學羅莫（Paul M. Romer），肯定創造長期永續的經濟成長之分析研究。Nordhaus把氣候變遷與經濟之相互作用納入模型，整合了物理學、化學與經濟學。Romer是內生化成長模型之揭櫫者，把技術創新引入經濟成長的內生力量，建議政府鼓勵新技術創新。自然科學的因素，納入了長期經濟發展的架構，不再只是予以切離的其他外生變數。

經濟學有其侷限性，1974年得獎者海耶克（Friedrich A. Hayek）對於法學、系統思維、思想史、認知科學領域也有相當

重要的貢獻。他在頒獎典禮中，以極沈痛的語氣說：「在此時此刻，我實在沒有什麼理由值得驕傲。在經濟學領域有了此特別貢獻的人，沒有理由就成為全能者而可處理所有社會問題。」他也得到1991年美國總統布希所頒與之美國總統自由勳章，表揚其「終身的高瞻遠矚」。即使大師泰斗亦謙稱不足，經濟社會問題的複雜性，人類行為的多變性，沒有單一理論便能放諸四海皆準。因此，理論持續進階發展，跨越理論的加持，應仍是經濟學未來的發展方向。

　　經濟學原本乃將複雜的現象予以歸納演繹，化成簡化可析的理論模型，因為過簡模型不足以涵蓋所有經濟現象，進一步分成數個支派，包括公共經濟學、福利經濟學、金融經濟學、勞動經濟學、產業經濟學、人口經濟學、區域經濟學、法律經濟學、實驗經濟學、神經經濟學、失衡經濟學等等。推想不同領域的結合趨勢可能繼續，但若過於繁複模型則不易推廣，未來理論上會如何發展，有待研究探討。截至2018年，諾貝爾經濟學獎共頒發50次，81人獲獎，未來跨域整合的傑出研究者，可望陸續戴上桂冠。

（工商時報，2019年8月2日）

文創需跨領域整合

　　文創產業發展是各國近年來又新鮮又有無限創意與想像空間的產業。固然社會上注目到這一塊，政府已由文化部、經濟及能源部、交通及建設部等部會進行分工來推動不同領域的文創產業，金管會也高舉「金融挺文創」之大旗，呼籲金融界投入文創的行列。然而，如何讓文創發展能夠更為順暢，讓藝文界與財經界、產業界與各界專業人士能夠彼此瞭解，則須更深入去思索。

藝文也有景氣循環

　　藝文發展，受到財經環境相當影響。在經濟景氣良好時，一般人較有閒情逸致追求藝文享受；在經濟景氣不好時，民眾汲汲於追求溫飽，無暇關注藝文活動。因此，藝文的發展情況常受經濟影響，尤其是文化創意產業。

　　表一所示，為2009年至2010年間台灣文創產業成長率。在這段期間，遭逢2008年國際間金融海嘯，2009年經濟掉到谷底，2010年經濟開始回升，但是2011、2012年在歐債危機下經濟成長率趨緩。文創產業的成長率，也隨著經濟成長率之漲跌而出現大幅波動。藝文的景氣，與經濟景氣息息相關。文創產業的發展，

也不能脫離財經、企管等一般產業活動所考量的思維。

藝文與金融、法律、企管之鴻溝

如何讓藝文在社會所發揮的角色更為豐富，讓藝文活動在無形的價值之外，又能產生有形的經濟加值，便是文藝與其他領域之人材不同，機構組織不同，創造產品的方式不同。在思維上、作法上，以及價值觀上，有相當差異。

藝文界與金融界所用的語言不同。金融界講求投資報酬率，評估商品之價值，講究工作效率。但是藝文界則強調創意的獨特性，在乎創意內容的感觸性。藝文界須能提出能夠說服財經界投融資的構想，財經界須具有能夠把藝文界的價值轉化成價格的能力。

法律把權利義務清楚予以規範，對於任何創意，可透過法律架構予以保障。各種文化創意產品，均可透過法律對其著作權、專利權等智慧財產權予以處理。因此，藝文創意者若能充分瞭解法律架構、內容與執行方式，則對其創作結晶有所保障，更能激發其創作意願。

從企業管理角度，任何企業活動，可考慮用不同的組織型態，例如股份有限公司、有限公司、無限公同、合夥、獨資等，也可能是本國或外國公司所設立之分公司或辦事處。文創產業亦可能用不同企業組織來運作。無論是大企業或中小企業，均可能在文創產業上締造佳績。至於何種創意適合何種組織，乃是值得

分析的一項課題。

文創產業結構

根據表一，2012年各產業之平均每廠商營業額，在不同行業並不相同。最大的產業為廣播電視產業，其次為電影產業，再者為產品設計產業。至於平均營業額最小的產業為視覺藝術產業與設計品牌時尚產業。

根據台北市2009年文化創意產業聚落調查成果報告，在文創產業中，以有限公司之家數最多，其次為獨資公司。若以平均營業額而言，則以外國公司之在台分公司的規模最大，而以獨資者的營業額最小。顯示，獨資不容易壯大，以企業組織運作較能助長文創產業之發展，整體產值亦會有效提昇。。

經濟部所頒之「臺灣中小企業認定標準」，對於中小企業之實收資本額與營業額認定如下：「製造業、營造業、礦業及土石採取業實收資本額在新臺幣八千萬元以下者；其他行業前一年營業額在新臺幣一億元以下者」。以此標準來檢視文創產業之中小企業比重，根據表二之台北市2009年文化創意產業聚落調查成果報告，若參考其資本額在八千萬以下者，無論家數或營業額乃是絕大多數。若以營業額分類，營業額在一億元以下者，家數占了絕大多數，但營業額比重則非絕大多數。由此可見，文創活動多由中小企業進行，但是其總產值有限。若能輔佐中小企業，一方面積極發揮活力，一方面成長而發揮規模經濟，則不但個別文創活動有所成就，在整體營業額上有希望進一步提昇。

表一：台灣文創產業成長率與經濟成長率

單位：％；新台幣仟元

年度	2009	2010	2011	2012	2012各產業平均每廠商營業額
經濟成長率	-1.81	10.76	4.07	1.32	
各產業平均每廠商成長率					
視覺藝術產業	-17.66	13.94	6.15	24.53	2,188
音樂及表演藝術產業	-18.72	-1.04	-0.94	1.41	5,082
文化資產應用及展演設施產業	12.60	-39.90	92.86	-32.86	9,828
工藝產業	5.34	45.12	-4.05	-24.85	9,500
電影產業	-6.58	7.64	28.24	-1.90	25,765
廣播電視產業	1.45	10.81	4.59	1.96	83,791
出版產業	-3.83	10.65	0.29	-0.93	14,775
廣告產業	-11.29	18.38	3.16	-1.77	10,704
流行音樂及文化內容產業	-6.14	2.09	3.82	-3.12	9,878
產品設計產業	-3.15	10.10	-9.79	-9.54	18,374
視覺傳達設計產業	18.29	18.16	-36.81	-43.94	5,305
設計品牌時尚產業	-14.56	-14.65	6.75	-10.25	2,370
建築設計產業	-14.70	12.35	-1.32	-2.72	9,491
整體（不包含數位內容產業及創意生活產業）	-4.14	17.27	-0.24	-6.49	13,047

資料來源：2013年台灣文化創意產業發展年報，文化部出版

跨領域整合所需機制

文化創意產業發展，需要不同領域人才之攜手合作，共同投入，結合金融界、企管界、法律界等等各界之資源。欲達成這項成果，產官學各界須有相當的發揮空間。首先，宜有適切之平台，讓各界人士能夠相互交流，增進瞭解。此平台，可在民間搭建，亦可由政府推動，以有形或無形的方式來互動。此外，跨領域人才之培育，應是重點方向，讓各界人士擴充視野。培訓工作之進行，可由培訓機構或大專院校來執行。除此之外，加強相關的文創研究，分析其成敗原因，瞭解國際上的文創發展情勢，乃是應有的基礎紮根工作，也有助於文創國際化之推動。

政府的角色相當關鍵，目前文創由不同部會分別推動不同產業的方式，固然不必增加行政成本，但恐有部會之間各行其是而忽略文創之慽，可考慮進一步予以有效整合，作出加成效果。例如：在行政院以下加設跨部會之文創推展小組，賦予執行力，統合不同領域的視野，彌補不同行業之間的盲點，此或為可考慮的方向之一。其實推動文創，政府不見得需要花費大筆經費，只要能有效統合資源，激勵社會創意活力，社會上的創意自然會帶動產業茁壯。總而言之，在機制上動腦，這便是推動文創而須打通的關鍵脈絡。

表二：2009年台北市文化創意產業之組織結構

單位：新台幣元

組織結構	家數	營業額	平均營業額
股份有限公司	2,065	172,899,063,535	83,728,360
有限公司	7,586	66,355,215,760	8,747,062
無限公司	1	3,573,613	3,573,613
合夥	147	472,027,648	3,211,072
獨資	3,762	7,244,241,270	1,925,636
外國公司在台之分公司	131	31,722,180,745	242,154,051
外國公司在台之辦事處	6	273,019,722	45,503,287
本國公司設立之分公司	105	4,096,199,073	39,011,420
其他	210	23,350,837,327	111,194,463
總和	14,013	306,416,358,693	21,866,578

註：平均營業額＝營業額/家數。
資料來源：台北市98年文化創意產業聚落調查成果報告，台北市政府文化局出版。

表三：2009年台北市文化創意產業之資本結構與營業額結構

資本結構	家數	家數比率	營業額/元	營業額比率
小於8000萬元	13,808	98.53%	191,792,357,377	62.59%
大於8000萬元	205	1.47%	114,624,001,316	37.41%
總和	14,013	100%	306,416,358,693	100%
營業額結構	家數	家數比率	營業額/元	營業額比率
小於1億元	13,654	97.44%	84,063,811,665	27.45%
大於1億元	359	2.56%	222,352,547,028	72.55%
總和	14,013	100%	306,416,358,693	100%

資料來源：台北市98年文化創意產業聚落調查成果報告，台北市政府文化局出版。

（《台灣銀行家》第51期，台灣金融研訓院，2014年3月）

解構梵谷貓王，解讀交易成本

　　諾貝爾經濟學獎與畫家有什麼關係？可從2009年諾貝爾經濟學獎得主奧斯特羅姆（Elinor Ostrom）與威廉森（Olive E. Williamson）談起，其中威廉森甫於2010年6月來台演講。他們之所以得到諾貝爾獎的殊榮，因對於經濟管理研究的貢獻卓著，尤其強調交易成本的存在。

　　交易成本無所不在，例如交易時資訊收集、觀念溝通、協調聯絡、監督執行等等所需的種種成本，成本的型態可能是金錢、或時間、或精神耗費等。往往由於彼此缺乏互信暸解、不確定與複雜性、信息不對稱等等因素，而讓交易成本高築。

　　近年來推動的文化創意產業，其交易成本問題不但無可避免，且不易簡單解決。文創產業發展須結合創意圈、財務圈、產業圈、乃至於科技界、法律界等等，各界人士自有行事風格與價值取向，為求取彼此的認同，勢必要花費不少唇舌時間。

　　對一向浪漫創意的藝文人士而言，若要求他們一切依照金融界、產業界的行事規範，按計畫按時程來按表抄課，恐非其創意醞釀過程所習慣的工作模式。而對講求效率與績效的企業界人士而言，若要求其跳脫標準嚴謹的作業流程，對不明結果的藝文創意作無保留的主觀信任性投資，恐怕在奧援決策時多會猶豫。工作模式的差異，已是雙方互動的一大難題，更何況對未來前景認

知的差距，除非相當時日的溝通，培養共識，否則難以跨出聯手之路。

　　一些聞名的藝文奇葩，往往都須先解決交易成本問題。荷蘭國寶畫家梵谷（Vincent van Gogh），在他揮動彩筆之際，無力張羅柴米油鹽醬醋茶，而其胞弟西奧（Theodorus）熟知其投入繪畫的靈魂深度，提供生活經費，並協助推廣畫作。兄弟相知相惜，彼此不必耗費唇舌溝通，交易成本甚低。

　　並非每位創意工作者都能擁有梵谷這般低交易成本的幸運。電影「海角七號」剛開始籌劃時，欠缺經費，四方奔走，這便是交易成本。幸好有銀行家及有志人士願提供奧援，解決了經費問題，終在電影叫座聲中有圓滿的結局。

　　文化創意產業發展涉及跨領域整合，為克服交易成本問題，須賴中介人士或中介機制來溝通協調。經紀人制度的產生，便是在解決交易成本問題。1950至1970年代活躍的美國搖滾歌手貓王普利斯萊（Elvis Presley）剛出道時，找不到歌路方向，幸有錄音師的慧眼，定位出吸引觀眾口味的搖滾路線，再透過經紀人安排曝光管道，遂而快速爆紅。英國小說家羅琳的「哈利波特」，亦靠著經紀人爭取全球著作權益，掀起魔法學校的全球魅力，囊括小說以及電影、商品等多種商機。

　　團隊方式運作的成功案例，亦有不少。吉米的漫畫，散見於周遭生活空間，包括文具、地鐵壁畫、皮包等等；其事業版圖的成功，並不是單靠一位創作者個人便可竟功，乃是結合了不同領域的團隊，降低了交易成本。

　　政府與相關機構若扮演推動的角色，更易於號召人才，聚

集資源。故宮博物院用卡通來說明玉器、陶瓷、青銅、書法，以3D動畫創作有關翠玉白菜的假想情節，讓不少國寶在影片中現身，有效地結合了藝術與數位科技。

上述各例乃是成功經驗，但有更多默默寂然以終的創意者，往往因交易成本阻礙而無門徑。總而言之，找到適切方式來解決交易成本問題，乃是推動文創產業的捷徑。文創產業的型態多元，適切的中介機制也可多樣，政府與企業都可在這發展機制中扮演著舉足輕重的角色。建立順暢的機制，搭起各界的橋樑，未來成果令人期待。

（經濟日報，2010年7月21日；收集於《2010國際經濟金融論壇實錄：2009諾貝爾經濟學獎得主威廉森博士台灣行》）

經濟與音樂的跨領域彩虹

　　跨領域結合，乃追求創意與卓越的重要策略。在科技、社會、金融等種種職場上，嘗試加入人文思維，作跨領域整合，除了朝九晚五的工作外，人文素養的培育也可融入平日生活。不但陶冶身心，也有益於個人工作效率之提升，以及社會經濟發展之蓬勃。以音樂為例，這項充滿激發能量的人文活動，可以融入個人生活，也可激發社會民眾消費力，催生產值，與經濟共舞。

　　本文先探究經濟與音樂的共同元素，次由中外古典與流行樂壇論及音樂產業的爆發力，並舉出音樂融入電影的影響力。歷史上歐洲文藝復興時期的經濟與人文同步起飛之跨領域現象，值得關注。最後，以跨領域導致心靈平衡的能量潛力作結，共勉共享。

經濟與音樂的共通性

　　經濟與音樂是不同領域，各領風騷。鏗鏗鏘鏘數著銅板，天天追逐經濟成長率、股價、利率、匯率的高低震盪，這是一般形塑的經濟領域之形象。另一方悠悠揚揚流動著旋律，高高低低編織著音符、節奏、強弱的組合，這是眾人感受到的音樂屬性。前

者理性，後者感性，前者重物質，後者重心性。

兩領域之間，一定要涇渭分明，山水分途嗎？深深鑽研進去，兩者並非水火不容，經濟學探討人的行為，人的行為則包括理性與感性的成分，由內在感受反應出外在行為，由經濟數據推論社會傾向。因此，經濟的理性外表下，蘊藏著感性的推力。

音樂也不只是感性的隨興作為。音樂講究節奏、和聲、曲韻、演奏技巧，在在需要嚴謹的訓練，專業者甚至容不下絲毫瑕疵。在感性訴求下，絕對缺不了理性的元素。

每個人的內心，多是包含了理性與感性的成分，有學經濟的嚴肅外表，也有音樂的浪漫悸動。因此，經濟與音樂素養，可以同存在一個心靈之中。關起音符之門，開啟經濟議題研討之廳堂；關起經濟之門，開啟音樂旋律之殿堂。關門開門，可依時啟動，兩個領域彼此並非遙不可及。

音樂產業活力

一般人多多少少都喜愛音樂，有些人投入專業鑽研行列，有些人則是業餘愛樂者，有些人則是視為休閒活動之一。無論大眾對音樂愛好程度差異，消費者對音樂有所需求，產生購買意願，則音樂產業結構自然產生。唱片、錄音、音樂會、KTV，種種音樂活動增加，對經濟產值具相當貢獻。

歷史上著名音樂家誕辰，都成為各國樂壇大事，不但積

極舉辦音樂活動，也帶動諸多商機。2006年為音樂會莫札特（W.A.Mozart, 1756~1791）之250歲誕辰，歐洲花了數年籌劃音樂年，全球都以莫札特音樂為主題前呼後應舉辦音樂會，不但樂壇翻動，週邊商機也一一啟動，在樂音中帶動了歐洲經濟的律動。2010年是鋼琴家蕭邦（F.F.Chopin, 1810~1849）之200歲誕辰，蕭邦的波蘭舞曲、圓舞曲、敘事曲、詼諧曲、馬則卡組曲等等，幾成為當年各鋼琴演奏會的主要曲目。2013年是德國歌劇作曲家華格納（W.R.Wagner,1813-1883）之200歲誕辰，德國除了在其生日當天發行設計精美的紀念銀幣，到處都有全新的華格納歌劇之夢幻組合，從指揮、導演、演員、服裝設計，都讓歌劇迷盡情融入。這些音樂家雖然人已隕落，其音樂則永存人間，潤澤著人心，也潤滑著經濟。

　　流行音樂的能量更為強大。爵士樂帶動了美國紐奧爾良的發展，濛濛吞雲吐霧中流露著慵懶迷情的音符與酒香。鄉村音樂在美國襲捲所有人的心靈，一州一州地傳唱。貓王普利斯萊（E.A.Presley,1935~1977）開闢了搖滾樂路線，情歌演唱總吸引成群女性簇擁，多首著名歌曲如「Love me tender」流傳邁邐。披頭四樂團是1960年代在英國組成的搖滾樂團，多套專輯包括「Let it be」等曲處處可聞。當今英國跨界女高音及演員莎拉布萊曼（Sarah Brightman）以正統美聲基礎，演唱音樂劇、歌劇選曲與流行樂曲，令人陶醉不已。

　　2000年代以來在台灣知名的歌手，引起歌迷瘋狂追星熱潮。江蕙、五月天、張惠妹、蕭敬騰…。其演唱會一票難求，常見秒殺，顯示出音樂召喚力量的強大。周杰倫朝多方位發展，音樂基礎在於他能彈一手好鋼琴。這些藝人所創造出來的商機，一路攀升，每一次歌迷歡呼雷動便意味著商機的熱度。

一般推動「文化創意產業」，包括多種文藝活動，諸如視覺藝術、音樂與表演藝術、廣告設計、數位休閒娛樂等等，相當多元。音樂是其中重要的一環，在文化創意產業推動中，不容忽視。

音樂融入電影的多元商機

不只音樂有促進產業成長的力量，各種文藝活動均有相當感染力與影響力。文學、繪畫、攝影、雕塑等等，無一不具吸引力道；電影則是集合了多種藝術之大成。以電影為例，可看出文藝多元結合的成果，其商機更是無遠弗屆。

以古典作曲家為劇本的電影，部部引人，包括莫札特生平的「阿瑪迪斯」，貝多芬晚年的「快樂頌」，舒曼、布拉姆斯與克拉拉三角戀的「琴戀克拉拉」，以及小約翰史特勞斯故事「翠堤春曉」等，陳述音樂家故事，片中盡是動人樂曲，繞樑不絕。

把音樂劇搬上大銀幕的電影，包括「真善美」、「悲慘世界」、「歌劇魅影」等。這些原本在舞台上演唱的故事，透過電影，不但將劇情與角色個性予以突顯，也把劇中歌曲推到流傳吟唱高點。

以流行樂手為主角的電影絕對不乏影迷。「貓王」一片中有他從默默無名到超級巨星，以及放蕩中墮落的過程，片中可以聽盡他多首動聽成名歌曲。「與歌同行」是美國黑衣人歌手強尼的起與落、成與敗、愛與家。「玫瑰人生」是法國香頌歌手愛迪琵

雅芙（Edith Piaf，1915~1963）的故事，矮小個子卻有強大感染力的她，在歌聲中搓揉著人們的心靈。

或以古典音樂家為素材，或以音樂劇為腳本，或以流行樂手為主角，均可作出電影佳作。上述電影部部都得到高等評價，有些甚至獲得國際影壇大獎，「阿瑪迪斯」獲1985年8項奧斯卡大獎，「真善美」1965年奧斯卡五項大獎，「悲慘世界」2013年奧斯卡最佳女主角獎，「玫瑰人生」獲2007年奧斯卡最佳女主角獎。各電影除奧斯卡獎外，其他獎項紀錄不在話下。

電影即使不以音樂為主題，總少不了電影配樂。配樂強化劇情張力、情境氣氛，或浪漫、或恐怖、或緊張、或平靜，乃是不可少的一項藝術元素。

電影對社會的強大影響力，無庸置疑，文藝在這中間所扮演的角色舉足輕重，而音樂更是有聲電影問世以來少不了的元素。

文藝復興的跨領域整合

文藝活動的興盛，需要一個可以刺激創意的環境，結合社會資源，跨領域整合，有效運用。曾在14世紀至16世紀為歐洲寫下輝煌歷史的文藝復興時期，便具有能讓歐洲快速成長，具激發創意能量的環境。其文藝成就琳琅滿目，無論是藝術、文學、建築，均為人類文化瑰寶，例如：達文西「蒙娜麗莎的微笑」與「最後的晚餐」、米開朗基羅的「最後的審判」、拉斐爾的「聖母系列」，並稱為「文藝復興三傑」，雖然作品年陳代遠，價值

越陳越高，享譽恒古。

該時期強調「人本主義」思維，人們勇於打破以往之桎梏藩籬，肯定自我價值，強調每個人的思想價值，展現了個人的優質特色。文藝復興時期能夠走出黑暗的中世紀，與人本主義思維緊密相關。

文藝復興時期的三個中心：佛羅倫斯、羅馬、威尼斯，經貿活動與文藝成果均頗卓越。當時經濟活動甚為活躍，企業亦甚支持文藝活動。佛羅倫斯的麥迪西（The Medici Family）富可敵國，對於文藝活動之贊助不遺餘力，被稱為文藝復興時期之教父，收藏了全歐洲最豐碩之圖書館作品，建立柏拉圖學院，讓創意者得以發揮，讓人文價值得以提昇。

歐洲文藝復興雖然發軔於遙遠的國度，乃數世紀之前的陳年歷史，然其影響深遠。至今，只要是推動文藝活動，強調人文價值，便可能被標榜為一種文藝復興的活動。尤其當2008年全球受到金融海嘯與經濟蕭條之苦，金錢逐利受到譴責，人文價值也再獲重視，喚起新文藝復興之呼籲，要求金融投機轉向協助人文發展。

心靈平衡的能量

每個人心中總有一些夢想，期望撰寫散文小品，探索大自然奧秘，拍攝花草集錦，擷取發明創意，或者走入社會各角落散佈關懷種子等等，夢想多彩，方式多元。那麼，不要只是空中樓

閣，考慮從現在便開始鋪陳。

　　在不同領域間悠遊，不但享有不同空間的美好，也可以讓心靈得到平衡。當艱深的數字令人感到心煩時，不妨撫琴高歌，覽畫植栽，調劑繁複事務的枯澀。另一方面，當文藝世界陷入風花雪月的空虛時，則開燈推算數字，演繹歸納，理性地穩定心緒。一個平衡的心靈，能讓人們工作反而更有效率，更能吸收到多元的精萃。

　　具有平衡的心靈，會有意外的空間　具有跨域的思維，會有新鮮的創意。無論從個人修為的角度，或從社會發展的層次，經濟與音樂都可以在適切的頻率上結合，文藝與科技也可以在多元資源結合下共築理想。試著去描繪一個美好的亮麗彩虹，也試著去規劃有意義的人生遊蹤，更不忘在心靈的園地上，澆灌著滋潤的養分。

　　（《人事行政季刊》第192期，中國人事行政學會，2013年7月）

書中自有黃金屋？

　　宋真宗皇帝趙恒的《勵學文》中提及：「書中自有千鍾粟，書中自有黃金屋，書中自有顏如玉，書中車馬多如簇。」宋朝重視科舉制度，文人飽讀詩書善於論著者，便有機會為官發財，這也是一般貧苦子弟要突破貴族財閥的障礙，名利雙收的終南捷徑。此外，透過書籍展讀，亦得以追求心靈內涵之充實。

　　把這句話用在現代，便需有進一步的修改與詮釋。讀書讀得多不保證家財萬貫，博士畢業也可能失業，然而這並不抹煞讀書的價值，讀書仍然效用萬千，經由讀書之後，識面廣，見解深，研析能力強。至於讀書的效用何在，則視讀書的內容與目的，以及個人吸收研判的能力而定。賺錢固然重要，但不是人生的唯一目標。至若想要廣進財源，則要多搜集資訊，理性辨識。

　　隨著經濟發展，眾人獲取知識的管道趨於多元。近年來一般家庭對書報雜誌的普及率有降低趨勢，但這不代表眾人對資訊之汲取減少，而是被網路交流所取代了。根據主計處之調查，2010年家庭的報紙普及率為21.1%，與1991年高達62%相較，已經大幅下跌。書刊雜誌普及率亦由1991年13.6%降至2010年8.9%。另一方面，家用電腦之普及率則大幅提高，從1991年9.6%提高至2010年71.3%；而在家用電腦中的連網比率，2010年已高至94.8%可見，現代人雖然書報雜誌的閱讀率下降，但是經由大量擴散的網路資

訊，對知識獲取量乃已大幅提高。

各方資訊眾多，則在展讀各種資訊時，宜有研判能力，知所取捨。想增廣見聞者，選擇各地見聞錄，但若上路旅遊則須注意行程交通安全。想加強學識者，選擇專業論著，但若深入研析則須注意邏輯推理精確。想打造黃金屋者，選擇理財書刊，但若拿錢投資則須留意分散潛在風險。若對知識資訊只是一知半解，囫圇如棗，反而更易陷入險境。

這些風險意識的資訊，要及早建立。2008金融海嘯發生之後，各國檢討如何改革，咸認為加強金融宣導頗為重要，宜儘早引導大眾認識金融商品內容，更要建立正確的投資觀念。這並不是艱澀難懂的學問，是一種生活的能力，諸如量入為出、儲蓄習慣、珍惜信用、認清商品、分散風險、審慎投資、防範詐騙等等，都是每個人在成長學習過程中便應建立的觀念。

依照2009年一份針對國民金融知識水準實地調查報告，國人金融知識不足，平均成績48.33分，「學生」族群的平均成績42.79分，這也說明了為何金融理財投資之糾紛不斷，錯將畢生儲蓄錯誤付諸一擲之情事屢見。金融知識在校園中便可紮根，不應等到走出校園後在摸瞎中胡亂下注。

世界經濟金融脈動多變，若要想持續掌握生財之道，不可自摒於書報資訊之外。瞭解愈多者，愈知道如何避險減損。根據主計處2010年的統計，把全民所得分成高低不同的五組，最低所得組的買報率只有9%，書刊雜誌更少而只有1%，至於最高所得者之買報率為36%，書刊雜誌為21.7%。若以家用電腦普及率而言，最低所得者為26.5%，最高所得者為95.2%。可見所得愈高者，其與書報雜誌網路之接觸頻率愈多。

　　是多看書而變有錢？還是有了錢才多買書？若是前者，即多看資訊有助於增加收入，這也驗證了教育的功能。若是後者，亦代表著有錢之後更需要搜集多方資訊，來保有現有資產，並追求另一種境界之提昇。這兩者都可能存在，成為良性循環。

　　「讀書不難，能用為難。」這是清代張潮的《幽夢影》中對於讀書之詮釋。多讀書，多觀察，即使未求黃金屋，也有助於分辨道聽塗說，遠離市虎杯弓，避開債務困境，可求在穩健的財務規劃中提昇生活品質。

（工商時報，2011年12月2日）

藝文通往米糧之路

　　藝文活動，觸動人們心靈，帶來慰藉與溫暖。如何讓藝文活動可以在社會上發生更大更多的影響力，創造更多的經濟產值，需要更多的平台，搭建在藝文者與其他各行業之間。平台上需要的人才，跨越金融、科技、企管、教育等等領域。

　　畫家梵谷的作品，如果只存放在他的畫室中，那麼這位性情中人割掉耳朵的故事不會如此深刻，他畫的鳶尾花與星夜名畫更不會出現在當今許多仕女的漂亮圍巾之構圖中，有賴企業生產行銷才能把其畫作加值轉型送到多人手中。至於音樂家貝多芬的交響曲，如果只在他所漫步的葡萄園中吟哦，固然大自然所吹起的清風自由而清爽，但可不會把他的動人旋律送到音樂廳，仍是要在人來人往的產業運作之票務宣傳中來打開市場。

　　清高的藝文，若脫離了人間俗事，怕有不少極品要煙消雲滅，冰凍於遺忘之中。因此孤芳自賞的藝文精品，不要自鎖藩籬，若能帶到遠近眾人中間，不但藝文界可能解決米糧問題，也能嘉惠更多凡間心靈。這有賴中間媒介來作為橋樑，需要金融界的銀票，科技界的技術，企管界的行銷，教育界的培育，建立多元的跨領域聯繫機制。

　　科技世界來勢洶湧，為藝文加色加形，讓藝文風彩加速推廣。故宮文物經過數位科技加值，把年輕族群拉到千年古董之前

駐足。羅馬神話經過3D設計，把世界傳奇送到各處供人賞析。台灣布袋戲從「雲州大儒俠」主角史艷文到「霹靂布袋戲」主角素還真，從路邊野台戲到電視螢幕，加上聲光科技效果，甚至進軍到國際舞台，把台灣傳統民俗做成特色現代產物，吸引大批粉絲瘋狂尖叫而週週搶購新霹靂劇集。

社會上的創意活動五花八門，有上述成功之企業，更有不少未成氣候的個案。許多創意來自於年輕的獨資個體戶或中小企業，但其產值在所有經濟產值中所占比例不高。不同創意所適合的企業組織型態不同，包括有限公司、合夥、股份有限公司等不同企業體。一般藝文人士不諳此道，企業管理人才可以在此領域中貢獻之，為文創活動策劃適切之企業組織型態。

資金之挹注是發展文創不可缺席的環節。近來政府已推動金融機構來參與此項活動，銀行、證券、保險均有響應之聲，有了新思維新工具之氣圍。如果金融機構真能投入文創，理解藝文界所強調的價值觀，藉資挹注，對於文創產業之激勵應是不少。至於藝文界若想與金融界合作，必需提出能讓投資者心感信服的構想，把創意化成能夠融入財經界的運作模式。除了金融機構投入文創所需資金之外，社會上各界人士均可加入行列，讓企業界發揮社會責任之關懷力量，以實際行動加入此朝氣行列。

培育人才，是延續社會創意泉源之前提。政府為培育人才而補助經費，必須慎重留意，蓋藝文活動千千萬萬種，政府資源有限，若在已成熟的市場上選擇性進行補助，常會東扶西倒，順了姑意，逆了嫂意；不如對於尚未開發而具潛力的領域進行引導，逐步帶出成果。舉例而言，已具市場競爭淘汰機制的商業性藝文活動，不必勞煩政府特意扶持。如能轉而關切具潛力之偏遠地區

學童，鼓勵具有各地鄉鎮特色的創意規劃，並引領企業人士共同提供資金挹注與管理經驗，考慮補助偏遠地區的學校樂器、畫具與師資費用，增強學童自信心與創意爆發力，不但在社會上原來忽略的園地上播下米糧之種，也把社會資源進行有意義之統合。

藝文不只是藝文，產業不只是產業。彙集產官學智慧，打造跨領域平台，培育跨領域人才。或許在中正紀念堂的音樂饗宴之外，在國父紀念館的藝文展覽之間，在文創園區的發想廣場之前，在企業迎賓豪華大廳之上，在政府各部門的相互攜手之中，結合各方資源與能力，有著更美麗更多元的彩虹，正在等待我們。

（工商時報，2014年2月7日）

人才跨域爆發力
──從超時空的梅哲指揮談起

虛擬指揮掌控現場樂團

　　交響樂團的靈魂人物乃是指揮，然而，你看過已經過世的指揮在音樂廳現場，以豐富的手勢與表情帶出抑揚頓挫的震撼旋律嗎？2018年9月3日在國家音樂廳，台北愛樂交響樂團演出莫札特的薩爾斯堡嬉遊曲作品。全場最令人驚艷的是指揮台上，乃經過特殊投影科技所作出的虛擬指揮梅哲（Henry Mazer，1918~2002），他的指揮棒在音樂廳中猶如魔杖，一揮一動之間，細緻帶出全團管弦樂手的優美樂音。由梅哲創立的台北愛樂交響樂團，原擬1999年演出此曲，恰逢當年921地震而停演，2018年紀念其百歲冥誕，以「未竟之境」重新演出，呈現一場獨特的別緻古典音樂會。

　　此音樂會運用了浮空投影技術，採用極細金屬絲編織而成的投影幕，達到透明又成像的效果。音樂會結合了優美音樂與頂尖科技，締造燦爛的火花，是場音樂饗宴，乃文化創意的呈現，更是跨域成功合作之豐碩果實。類似虛擬人物構想，在流行樂界也

173

曾出現，唯科技運用作法並不相同，2013年周杰倫與虛擬的鄧麗君，在台北小巨蛋對唱。未來科技更形進步，不知將在音樂會中呈現多少驚人創意。

跨業、跨代、跨國，跨出框架

　　跨域，以廣義之解釋，只要是跨出原有框架，擺脫匡限，都是跨域，包括跨領域、跨地區、跨部門、跨專業、跨學門、跨世代、跨洲際、跨黨派等等，以各種方式進行跨越，進而合作，結盟，尋求融合，改造，進而昇華，轉化成新的產品、技術、新的層面，可以有無限的創意，甚至締造不少的商機。跨領域整合交流，乃是創造新商機的機會。再以梅哲指揮之例，他原擔任美國芝加哥交響樂團副指揮，有感於台灣樂手的可塑性與潛能，1985年與幾位愛樂人士組建了台北愛樂室內樂團，逐步打造成完整的交響樂團，締造台灣樂界盛況，帶出國際聲譽，號稱「梅哲之音」。這是跨國跨洲際的人才合作交流，亦為跨域之一佳例。

　　把創意發揮在所有事業上，大則大發明，小則小確幸，靈感揮灑間，都可能創造出或多或少的商機，五彩繽紛。以科技而言，常是可以用到所有領域大大加分的養分，把科技澆灌到文藝而成文化創意產業，科技澆灌到金融而成科技金融，不但併出新的商機，甚至成為經濟發展策略的一大重點。

隔行如隔山？以文藝與金融的鴻溝為例

　　不同領域之間，常有不少深刻的鴻溝。以文化創意產業為例，需動用到發展產業所需的企管、財務、法律等等資源，須結合不同領域的專業人士。文藝界講究靈感的獨創，作品的珍貴，共鳴的感動。財務界講究經費的收支規劃，報酬率的事前推估，費用的有效掌控。兩種領域之間，彼此重視的角度不同，沒有共同的溝通專業背景，有時文藝界只希望金融界提供資金，不要過問其創作進度細節；金融界則希望文藝界提出詳實的成本效益評估，不要只標榜創作獨特性而難以估價，因此，雙方甚至不歡而散。為能消除歧見，填合鴻溝，若能有適切人士居中協調，甚至以專業機構居中橋樑，頗有助益。

　　將文化創意發展成為產業，則需要企管人才來管理工作團隊的績效，行銷打開市場通路；也仰賴法律人才以明瞭義務的界限，保障創作的智財權。各界彼此相互尊重，彼此汲取智慧，有加成效果，否則各自圉限原有框架，彼此消耗，浪費時間與經費，殊為可惜。

跨域整合之必要：以長期人力資源規劃為例

　　跨域整合，將不同資訊予以貫穿，是健全制度所需。以所有國家社會都應珍惜的人力資源而言，須以長期規劃為念，「教、

考、訓、用」，層層相扣。先以教育制度而言，十年樹木百年樹人，乃長期志業，須依照不同年齡，社會需求，規劃各級學校施行適切教育。可惜，近年來不少學校已出現招生斷層，少子化使得不少學校面臨斷炊之虞。其實，這種困擾，並非不能預防。當出生率下跌時，即應預警18年後的大專院校申請入學人數必然下跌。比較大專院校校數與18年前粗出生率之趨勢。以1984年而言，18年前的1966年，粗出生率超過30%，1967年後降至30%以下，1983年更降至20%以下，1998年已降至15%以下。大專院校校數卻依然成長，技職學校大量升級轉化成大學，以大學與獨立學院之合計校數而言，1988年前為39校，1995年增至60校，至1999年破百而為105家，2007年達最高峰149家，後來慢慢減校，進入裁撤抉擇的痛苦階段，大學生畢業後難覓理想工作，顯然教育制度欠缺長期規劃，教育主管機關與內政人口主管機關未整合思考。

　　少子化不但影響大專院校入學率，也影響公職高普考報考人數。此外，隨著社會多元化現象，無論公部門或私部門，對跨域人才之需求也在增加。學校之跨科系的設立，降低跨領域修習相關課程的門檻，也是必然方向。教育宜能符合社會所需。然而，往往畢業學子所專攻的科系難以在社會適合職位，社會所需人才難以從社會取得。目前臺灣想拓展國際交流，發展觀光與投資貿易，然而，對東南亞、中東、俄羅斯等國之語言人才卻相當欠缺，而語言人才之培養非一朝一夕可以速成，教育制度的前瞻性不足。

合作機制建立：以短期災難救援為例

天災人禍之臨時重大災難，更需在跨域的寬廣視野下，透過合作機制，動員各方資源，迅速進行搶救。近年來內外重大災難頻傳，台灣1999年921大地震，2015年八仙塵爆，2016年12月台南氣爆；日本2011年311大地震、2018年遭逢水災、熱浪、颱風、地震；印尼2018年9月28日7.5級地震引起海嘯而造成重大傷亡；美國2011年911事件恐怖攻擊。全球災難頻傳，不勝其數。

與時間競賽，各方資源迅速到位，相互協助，是成敗關鍵。無論在朝在野，政府相關部會，都需緊急合作，不容推托諉責。倘若在政治口水中彼此指責，錯失救援良機，其罪大矣。談到相互合作，涉及不同專業的接觸，須能瞭解彼此功能，相輔相成，這是平日便需致力協調之處，否則屆時可能只是眾人擠在一起相互摩擦碰撞而已。

跨域商機無窮

台灣目前面臨諸多挑戰，發展受限，國際上有國際貿易大戰，可能影響台灣經貿空間；國內投資機會有限，兩岸問題更是險峻。在種種挑戰情境下，若所有經濟活動留在原有架構下競逐，即使殺紅了眼，猶如紅海策略，難有佳績，必須大步走出框架，在寬闊的空間中揮灑，力拼藍海策略。

　　一旦跨出狹隘的格局，不同資源相互接觸，各方優勢端出，融合交流，網絡也在相互交流中加乘擴張，激盪出種種創意火花，商機就在這火花中營造出來。期望未來端出更多超時空的創意，不只是音樂會中虛擬的管弦樂團指揮，尚有無數令人驚艷的構想，等著一一問世。

（《台灣銀行家月刊》第107期，台灣金融研訓院，2018年11月）

參、跨時遙思

諾貝爾獎的協貧崎嶇路

　　諾貝爾獎放射著萬丈光芒，每年擇取數位在不同領域對世人卓越貢獻的傑出者，戴上最高榮耀的冠冕。諾貝爾獎看到世上存在長年赤貧的國度，在食不果腹的黑暗角落，捲入貧窮陷阱，貧民工作終日仍阮囊羞澀，打拼經年仍家徒四壁，沈默憂傷而無力觸及陽光。2006年諾貝爾和平獎針對相當貧窮的國家孟加拉，頒給鄉村銀行創辦者尤努斯（M.Yunus），認為有助解決貧民資金問題。2019年諾貝爾經濟學獎，看到處處貧民窟的印度，頒給三位採取實驗方式探討貧窮問題的教授：巴納吉（A.V.Banerjee）、杜芙若（E.Duflo）、克雷默（M.Kremer），前兩位乃教授伉儷。這些獎項的頒發，代表諾貝爾獎關懷貧窮問題，鼓勵研究與行動。其實協貧議題並不能就此獲解，諾貝爾獎前後所頒內容有時互有別見，協貧之路迢迢，不知盡頭。

　　貧窮的發生，原因甚多。資助貧窮國度與地區，乃是各國際上經常提及的議題，聯合國、世界銀行，以其各國際組織常經年斥資撥款，協助落後國家。國際會議上，西裝畢挺的各國代表，正經危坐地討論著如何協助貧窮國家，經過冗長的討論，精密的計算，決定補助的金額。接下來，資金到位了，時間過去了，來年國際會議席上發覺，貧窮的人們依然憂鬱，困乏的地區依舊蕭然，顯然協助方式並未對症下藥，並非送出資金便能解決問題。

　　相當貧窮的孟加拉，與緬甸、印度相鄰，只有15萬平方公里，人口已達1.65億，人口密度亞洲最高，2018年人均所得1750美元。對於擁有人均GDP超過5萬美元的台灣而言，孟加拉人的生活猶如荒郊遊民。一般熟聞的孟加拉虎，也出現在李安電影「少年Pi的奇幻漂流」中，與一名印度少年湊巧共同漂流在茫茫大海上，各自孤獨緊張中維持著生存動力。孟國之公共設施相當貧乏，政府腐敗，貧民常受債主中間剝削，成千上萬的人倚賴乞討為生。該國經濟學家尤努斯為協助此國婦女家庭小額創業，創設鄉村銀行，給予辛勤的貧民所需資金，以免於受制債主的中間剝削。此舉受到多國效尤。諾貝爾獎頒發2006年和平獎，表彰其消除貧窮促進和平的制度。

　　這措施成功了嗎？有譽有毀。獲得貸款展開新生活者大有人在，平實維持家計。然而，2019年得獎者之一杜芙落主編的期刊American Economic Journal: Applied Economics 2015年即刊出數篇研究，對波士尼亞、伊索匹亞、印度、墨西哥、摩洛哥、蒙古作了2003~2012年研究，結論多質疑微型信貸的成效，微型信貸可明顯增加獲貸率，但效果只有20%左右，成功獲資者多未能改善家庭收入。此外，鄉村銀行創辦人尤努斯自2007年以來便與孟加拉總理哈希納（H. Hasina）產生齟齬，2001年被其政府解雇銀行職務，2019年10月更因未出席遭解顧勞工聽證會而被追緝，政治因素模糊了此措施成效之精準評價。

　　2019年獲獎者巴納吉兒時在印度加爾各答貧民窟嬉遊，於美國任教後伉儷聯手來到印度。印度擁有世界第二多人口14億，將近30%為貧窮人口。首都孟買的最大貧民窟達拉維，上千人公用一廁所，毫無隱私，髒亂必然。二位研究者多年在印度展開實驗對照比較措施效果，採用隨機控制試驗（randomized controlled trial, or RCT）。研究看到微型金融機構設立後，相當擔心違約而嚴格把關。雖然某些家庭創業者申貸得款高興張羅，但銀行要求一週後開始還款，這對開始創業者而言相當艱辛，進退維谷。某些銀行放寬為兩個月後方還款，又正值創業者開始找到擴充路徑時刻，創業機會又被腰斬了。研究者建議銀行延長還款期限，降低每期還款金額，多瞭解申貸者經營狀況，讓正常經營者得以在甘霖下滋長，否則貸款只是徒然。看來從2006年到2019年頒獎對象轉變，每年諾貝爾獎提了燈試圖照出路徑，不保證路徑自動達陣。

　　影響脫貧的因素，不止經濟金融面，尚包括醫療、教育、人文、社會、政治等等多項層面，只從單一面向切入，易侷限一隅不見曙光。以醫療而言，1999年，無國界醫生組織獲得諾貝爾和平獎，該組織醫生們目睹某些國家內亂而民眾受苦受難，國際政治組織束手無策，他們挺入難區救助傷者，包括1967~1970年奈及利亞內戰中救助受難的比拉夫人，1979年蘇聯人入侵阿富汗後援助伊斯蘭游擊隊戰士，1986年薩爾瓦多大地震期間提供水源給其首都。然而，無國界醫生不斷呼籲放下武器方是醫療正辦，難免在譴責戰亂中遭遇政治威脅，和平鐘聲常抵不過戰地炮響。

　　探討印度的醫療情況，在巴納吉與杜芙若之長期印度行旅中，浮現多少窮人的際遇，由他們含淚的筆端訴說著故事，記載於其專著「窮人的經濟學（Poor Economics）」與專業文獻中。公立醫療單位打開義務看病之門後，聞風病人遠途而來，在大熱天下走上兩天路程，好不容易到達醫療點，卻排不到看診號碼，護理人員不足（世界銀行2002-2003年研究發覺印度護理人員缺席率達43%），數度碰壁後寧可回頭求告巫醫，可見交通設備不便利與醫療單位不普遍阻礙了醫療品質的改善，除非考量採用流

動性醫療，方能有效嘉惠病痛的居民。

一個窮人要翻身，會面對多少障礙，不是一般正常所得的家庭意想得到。甲自己一磚一瓦蓋房子，無法一次蓋完，蓋了十年未成，賺到的錢只夠他每年買一袋水泥、一百磚塊。乙知道農田施加肥料可增加收入70%，但沒有足夠儲蓄持續預買肥料，家中常有生病急需，一場喪禮大約用掉家庭一年收入四成，食指浩繁的大家庭一直在捉襟見肘中度日，毫無長期打算。另有小孩丙，義務教育免費，常因肚中寄生蟲要處理，家裏攤販生意要人手，每學期上課出席率只達14%~50%，至於所謂教育可改變生活效益之連結，遙遙無期。問問他們未來的理想與規劃，他們漠然搖搖頭，望向高高掛天的白雲蒼狗。

更複雜的大工程，乃是各地區有其人文環境，這環境是否剝奪了窮人努力的機會，足堪思索。印度有多年僵硬的階層意識，三千多年種姓制度，把人分成四階層：婆羅門、剎帝利、吠舍、首陀羅，還有一類種姓之外的達利特，僧稱「賤民」，只能作卑賤的工作，占印度人口25%。1947年印度獨立後，種姓制度的法律地位被正式廢除，種姓分類與歧視視為非法，但社會生活運作仍有相當影響。此種社會思維，打絕了不少窮人翻身的奮鬥希望。

電影「貧民百萬富翁」獲得2009年奧斯卡最佳影片、導演等八項大獎，描述印度貧民窟受教不足的少年機靈通過遊戲問答節目，過關斬將過程中，一直被質疑作弊，高潮迭起的劇情令人擊節歡賞。事實上能在不公平制度中破除重圍的出類拔萃者不遑多讓，2017年7月21日選出的印度總統柯文德出身賤民，於小村莊的漏水泥屋中長大。2014年當選印度總理的莫迪出身第三層級種

姓吠舍，他出生時已廢止法律之種姓之階級歧視，否則不可能出人頭地。

卓爾不群者畢竟鳳毛麟角，大多數人是被動地等待天降甘霖，找不到脫貧管道，只是仰賴公共制度的改善。欲消除貧窮陷阱，須給窮人翻身的機會，公共環境因素包括人口、經濟、金融、醫療、政治、文化，教育等等，環環相扣。條條崎嶇的糾結彎道，把貧窮鎖在陷阱內，有待慢慢釐清理路，尋求解方，無盡無休。

諾貝爾獎的獎項繼續年年頒發，持續點點滴滴尋求曙光，本即難以一次倏忽到位解決。歷年來鎂光燈彙聚瑞典皇家科學院等待唱名，無論是表揚鄉村銀行的甘霖，推介實驗科學方法以確認實效，為無國界醫生高高點燈，即使獎項內容不銜接，都是為了關愛人類，追求脫貧脫困的美好理想。1915年獲得諾貝爾文學獎的羅曼羅蘭（R. Rolland）曾在年輕時書函馳送托爾斯泰（戰爭與和平一書作者），請教人生與藝術問題，托爾斯泰提筆長信回覆，強調：「對人類的愛。」這成為羅爾羅蘭寫作的圭臬。是的，有著愛，對人類的愛，將繼續在諾貝爾獎的未來獎項中承現，也在世人間散布，歧嶇路上，攜愛同行。

（《臺大校友雙月刊》，國立臺灣大學，2020年3月）

列強翻頁，關鍵時刻

　　世界上各國群雄爭先，數百年來已有更迭。當今世界第一大經濟體是美國，第二大經濟體是中國，第三、第四依序排行下去，排行名冊上琳瑯滿目。回首翻開史頁，世界強國排名榜，並非一成不變，翻頁中列強名冊已經更迭，在不同世紀的列強插旗位置，屢有異動。位移落後的國家，想再扳回原來地位，已難回首。追究更迭原因，多與關鍵時刻的決策有關，除了軍事戰役勝敗之外，包括國家發展的策略，國際間激烈的辣手交鋒，尤其是經濟實力的競逐。各國關鍵時刻的思維走向，決定國家千百年命運，責無旁貸。

　　曾經與美國各領風騷並駕齊驅的蘇聯，1991年解體便瞬間跌落高峰，再想扳回強國氣勢已是關山迢遞。1991年12月25日的蘇聯總統戈巴契夫辭職，最高蘇維埃於次日通過決議宣布蘇聯停止存在，立國69年的蘇聯從此正式解體，原本15個組成國也恢復了主權地位。俄羅斯獨立後，總統葉爾欽以為俄羅斯可獲得西方援助300億美元，然而，西方並未信守承諾給予援助。而且葉爾欽採取了「休克療法」，市場全部一次開放，完全解開物價，徹底私有化，緊縮貨幣供應。這些措施一次施行下去，社會無法承受，貧富差距擴大，市場秩序紊亂，經濟全面崩盤。蘇聯解體是民主抬頭，但未規劃經濟改革過程，結果是：二戰後持續了近半個世紀的冷戰和兩極格局宣告結束，美國成為全球唯一的超強

大國。蘇聯未在改革過程中作好配套機制之規劃，種下今日的結局。

2019年10月22日舉行新天皇即位大典的日本，二次大戰雖為戰敗國，致力勵精圖治，成為20世紀東方唯一的大國，曾為世界第二大經濟體。1980年代美國不甘心亞洲國家對美巨額出超，施壓於亞洲國家，要求各國放棄貶低幣值之匯率政策，對日本、台灣等皆不放過，尤其重擊日本。各國匯率制度改變過程中，金融市場資金快速泛濫，產業結構失調，股市在狂飆後化為泡沫，經濟衰退。股市衝撞過程中，日本經濟陷入低迷，無力回天，2010年日本之世界第二大經濟體的地位拱手讓給中國，只能徒呼負負。其相互牽連的經濟金融體制，僵化失靈，無法找到破繭而出的寶劍，讓日本不再擁有東方經濟楷模的亮眼圖騰。

陷入脫歐泥淖的英國，1815年至1914年為世界第一強國。大不列顛暨北愛爾蘭聯合王國在世界占有不少統轄據點，享有日不落國美譽，其統轄地區多有不錯發展。當2010年歐元區陷入歐債風雲之際，英國尚沾沾自喜，慶幸未加入歐元區，得以不受區內國家連累。英國為大西洋環繞的獨立地理環境，也添加了獨立發展的精神理念。2016年進行大膽賭注，通過脫歐公投，擬抽身歐盟，自行開發寬廣空間。然而，世界局勢已然改變，不復十九世紀的英國領軍環境，被歐盟綑綁的英國，處處受限，脫歐談判一直苦苦未成。未來即使脫歐程序完成，英國能否如願脫胎換骨成為亮眼強國，恐是步步荊棘。進行脫歐需巨大準備工程，應詳細規劃，以求順利逐步邁開，可惜各方準備闕如，社會尚未調適。如此道來，英國的脫歐困境，從2016年公投開始，即是自身所釀。

　　瀏覽歐美發展史，歷代列強的變局，在經濟較勁中比出實力，於策略抉擇中比出功力。從15世紀歐洲談起，麥哲倫、哥倫布的航海壯舉，開創海外貿易的巨量商機，讓西班牙於16世紀至17世紀初風光一時。18至19世紀間拿破崙建立法蘭西共和國，稱霸歐洲。19世紀後半葉英國成就了日不落國的天下，全球各洲皆有其殖民據點，拓展經貿動線。蘇聯在二戰之後，以勝利國家之姿，快速竄升，到20世紀80年代成為歐洲第一強國，直到蘇聯解體、經濟崩潰之後，歐洲掌旗手轉給了善於經商的德國。進一步放眼全球，美國在1776年宣布獨立之後，經濟勢如破竹，至今穩坐第一。至於世界第二大國寶座則陸續易主，從蘇聯、日本，移給了中國。作為冠軍的美國，對付第二大國的手法，皆從經濟面強力切入，打擊亞軍的氣勢。

　　列強物換星移，失去經濟優勢，便失去競爭地位。經濟表現，隨著決策思維浮沈。大國如此，小國亦然。美中貿易戰力道強勁，將有持久性影響，此刻各國如何進退，乃是關鍵時刻。否則影響所及，不只數年，或許數十年，或許數百年，翻頁之後，贏得冠冕與明日黃花之別，常取決於關鍵時刻的抉擇。

（工商時報，2019年11月1日）

舊日故事搬上今日舞台

誰說遠古的事情只是枯燥而陳封的歷史，對現代人沒有吸引力，沒有賣點？其實，愈是古老，愈有一份時間差距所營造出來的迷濛美感，超越時空的幻夢與懷古思情。

以過往故事為題材，除了故事本身耐人尋味，不要虛擲之外，尚需加上可讓當代人們接受並感受的輔佐素材，以創意來發揮諸多功力。

舉例而言：達文西「最後的晚餐」本只是一幅畫作，然而，把這幅名畫與宗教秘密巧妙相連，大量援引數百年來歷史上的各項記載，進行藝術考證、宗教考證、歷史考證，並加上暢銷作品不可少的懸疑推理與爭議話題，成為一部具有歷史文化內涵的作品「達文西密碼」。作者寫作此小說可謂下足了功夫，自始至終都有豐富的知識傳遞以及令人拍案叫絕的十足創意。

2004年台灣媒體報載，一位郵差花2天時間將一封寫著日治時期舊地址的信件寄達收信人。這報導給了魏德聖編劇的靈感，寫起一個故事，述說台灣日治時代，日本男教師與台灣女學生隨著戰爭結束而分離，而在六十餘年之後，灰黃的情書竟然跨海而來，娓娓訴說著數十年前的深深情愫。融合了昔日異國深情與當今社會生活型態、青年逐夢理想，相互交織，讓觀眾有著親近感，也有浪漫感。這就是讓蕭條多年的國片鹹魚翻身的「海角七

號」之賣點。

霧社事件是發生在1930年代台灣大地上的故事，乃是賽德克族奮勇抗日的史實。如果只是文字記載，或追溯領導人莫那魯道的遺骸安置問題，恐只列為歷史文獻檔案之一吧!然而，加上了電影中人物的血淚表達，深度刻劃，昂首高歌，築起了臺灣大地上一層層動人的彩虹，便讓人們感受到熱血義氣的共鳴。2011年推出的「賽德克巴萊」便這樣成為一部罕見的具有臺灣史實素材的經典影片。

韓國「大長今」是韓國歷史上唯一一位醫治國家元首的女性醫師，史書記載不多。韓國文化廣播電視台製作連續劇時，加強了故事的張力，也安排了不少韓國特色料理與宮廷風光，以及各地場景，種種創意讓觀眾目不暇給。

東晉梁山伯與祝英台的故事，乃中國四大民間傳說之一，始終是極佳的戲曲題材。李翰祥導演的梁祝電影，加上黃梅調，清亮的唱腔響起，便迷倒了台灣諸多觀眾。1963年4月，電影「梁山伯與祝英台」在台灣連續放映162天共930場，觀眾約達92萬人次，捧紅了演員凌波，甚至其來台時眾人爭睹而萬人空巷，創下影史奇譚。

自古至今，翻開時間的巨輪，每個刻度之間，都有無數故事在進展。每個人的每個步履，都在踢踏著一些故事軌跡所揚起的沙塵。有些故事被記載下來，有些被鄉里口耳相傳，有些只留在個人秘密，有的被遺忘在記憶深處。年年綠肥紅瘦，風捲殘雲，總有令人低回不已的故事，跨越時代地勾繞著人心。

古老的故事，自然有著豐富的文化內涵，這是發展文化創意

產業最豐富而具潛力的素材。但是如果只是拿出史料亮相，可能
會成為平鋪直敘的紀錄片，或只是厚厚重重的書籍，難以推廣行
銷。把這些生動的素材找出來，在不扭曲原有精髓下，加上創意
加持，便可能綻放出人意表的壯碩果實。需要何種創意呢？這個
答案本身便需要發揮創意了，創意可能是角色詮釋、故事鋪陳、
藝術氛圍、音樂旋律、科技動畫、與行銷策略。具體的成品，可
以是小說、藝術村、建築、音樂劇、電影、設計等等。至於把一
個故事加值的過程，本身便可以是個故事。

　　愛聽故事的，愛講故事的，都來此相聚吧！故事無數，創意
無限，商機無窮。講求發展文化創意產業，何懼沒有素材呢！

（工商時報，2011年10月7日）

孔子、杜甫與諾貝爾經濟學獎
得主的交集

　　孔子有曰：「有國有家者，不患寡而患不均，不患貧而患不安。蓋均無貧，和無寡，安無傾。」強調不均造成不安，不安造成動盪，治國之道應致力於追求貧富差距之縮小，乃是為政鐵律。

　　唐朝詩聖杜甫之詩句「朱門酒肉臭，野有凍死骨」，傳神地道出貧富差距的懸殊，短短數句便對照出人間不平。這位一代詩聖，留下無數千古名句，記述安史之亂民眾苦難心境。

　　2015年諾貝爾經濟學獎得主迪頓（Angus Deaton）研究消費、貧窮及財富，討論經濟成長的不平等現象。他指出，研究經濟須自微觀的個人經濟行為觀察之，分析家計個人的所得與消費現象，強調人們所追求的並不是唯一的經濟成長，而是追求幸福，脫離貧窮環境，避免貧富不均。

　　古今中外名士皆有共識，貧富差距過大，會造成社會之不安不寧。然而，當今社會上貧富差距明顯的現象，處處可見，日日可聞。超級跑車富豪雲集，高檔餐廳玉液瓊漿，名牌皮包羅綺珠翠。五彩繽紛的光鮮亮影，在這個金穴銅山世界裏穿梭。

　　不同於財富頂端的另一個晦暗角落，則看不見揮灑的彩帶。

年輕人薪資低落，抬頭呆望高高房價，而無力購屋置產，前景茫然不知何往。走到窄小巷弄，舊凳殘燭，年老孤寂者踽踽而行，家徒四壁，寸縷無存。

到底台灣的所得分配之趨勢如何？一般衡量所得分配的數據，採用吉尼係數，該係數愈高代表所得分配愈不平均。1970年代至1980年代約為0.30，1990年代提高，至2001年達高峰0.35，接下來逐漸下降而趨平穩，2014降至0.336。若觀察另一指標：第五分位組為第一分位組之倍數，在1970為4.58倍，至2001年達高峰6.39倍，2014年則降至6.05倍。數據顯示：台灣曾在1970年與1980年代度過所得分配較為平均的理想期，1990年之後轉為惡化，2010年後改善而趨平穩。

上述數據反映所得分配近年來未呈惡化，但是社會對於貧富差距常有不滿情緒，批判日升，原由何在此可由多種角度來思索之，本文無法一一臚列，且列舉一二面向陳述之。其中之一乃所得不等於財富，所得只是當年收入，所得偏低者不代表其累積財富額也低。前述吉尼係數用以衡量所得分配，但未反映財富分配，財富包括擁有房數與房價漲幅，便未計入所得數據。

房價高漲讓人望塵莫及，房屋移轉過程的資本利得讓財富集中在少數人手上，財富分配不均惡化，民眾不服不平，激化社會反財團意識。杜甫詩句「安得廣廈千萬間，大庇天下寒士俱歡顏，風雨不動安如山。嗚呼！何時眼前突兀現此屋，吾廬獨破受凍死亦足。」他居住草廬，在秋風料峭入骨的感觸中，為天下寒士請命，希望社會上能有千萬間可供寒士安居之處，那麼他即使蟄居草廬，也可死而無憾。可惜最終因貧病交加，殞命於湘江小船上。

　　社會上存在若干不妥制度，呈現不公平現象。以年金制度而言，軍公教退休金之給付，以往利息優厚而所得替代率高，屢被詬病。以往軍公教人員退休後每年領取年金幾與退休前所得相近，讓不少失業者徒呼負負。雖然18%優存利率只適用1995年6月前任職者，此類人員預期將逐年減少，但整體制度缺失仍頗多，確該改革，只是改革必須周延，降低社會之衝擊。

　　社會上的不公不義不平之感，有待化解。有些是制度使然，有些是傳媒擴散，有些是風氣感染。為解決問題，必須仰賴制度規劃與實踐，提供財富底端的人有破繭的機會。舉凡房價稅制的重劃，年金制度的改革，以及若干不宜制策措施，均應盡速檢討。兩千多年前的孔子，一千多年前的杜甫，當今的諾貝爾獎得主迪頓，都不約而同地呼籲降低貧富差距，消弭不平氣氛，營造安居樂業的世代。

（工商時報，2015年11月6日）

當東方與西方文化相遇

東方文化與西方文化不同，西方社會與東方社會有別。兩者雖有歧異，但非扞格不入，倘使各取所長，相互交融，便可能產生別緻風味的火花。但若一味崇洋，也可能消化不良。在跨國的寬闊視野下所催生的創意，不保證成功，也不代表不能成功。

《科學》雜誌曾作一份報導，美國密西根大學的社會心理學家尼斯貝特（Richard Nisbett）曾研究過東西事物認識方式的差異。實驗中，他要求25名美國人及27名中國人都要看36幅照片，每幅照片看3秒鐘。每張照片中都有前景與背景，例如老虎（前景）站在叢林（背景）前等等。結果發現，美國人較傾向於將目光注意到前景上，中國人則花較多時間去注意背景。

這種差異表現在美術上，很可以說明東方與西方藝術之差別。東方山水國畫的意像手法較注重背景意境的感受，西方油畫與水彩畫作較著重細膩逼真的具體描繪。以此推之，在各種領域上，東西方對事物之感受不同，其文藝作品也各有其趣。若融合不同文化，在西方藝文作品中摻入東方元素，或在東方創作中加入西方技巧，常有特殊韻味的佳作。

東方與西方相遇的機會，無所不在。十三世紀義大利威尼斯商人馬可波羅的東方遊記讓西方世界大為驚艷嚮往。接著每個世紀國際貿易日增，或隨著絲路橫跨歐亞，或隨著大船飄越海洋。

每日每週，出國旅遊、國際活動，此起彼落地交會著跨國文化。

　　萬國博覽會的舉辦，便是全球多種文化相互激盪碰撞的時刻。1889年巴黎舉行世界博覽會，當時生長在巴黎的法國音樂家德布西（1862~1918），正面臨著十九世紀末、二十世紀初期作曲家們在尋找與後浪漫風格不同的路線時，不易創新。在萬國博覽會中，德布西首度見識到東方的越南與印尼的音樂，尤其是印尼爪哇的音樂。接下來他開始瘋狂迷戀東方的音韻，在他作品中成功地融合了東方與西方的精神，樹立了獨特個人風格，也成為音樂印象派的奠基者。在2012年，他的曲目將被全球音樂界陸續演奏來慶祝其150歲冥誕。

　　不少東方學子在精習西方技能之後，再將所學融合於本國文化。中國民初著名女畫家兼雕塑家潘玉良，接受新美術教育，獲得1926年羅馬國際藝術展覽會金質獎，是中國人首度獲獎的記錄。台灣音樂家蕭泰然經過堅實的西方音樂訓練，一生致力於台灣本土音樂融入西方音樂技巧的創作。

　　除文藝作品彼此受到感染之外，經濟社會行為也會相互影響。東方儒家思想強調節儉的美德，子曰：「奢則不孫，儉則固。與其不孫也，寧固。」認為奢侈會帶來不謙遜，寧可簡陋為宜。另一方面，英美工業化初期，清教徒也是重儲蓄，輕消費；而在1930代經濟大恐慌時期，凱因斯提出革新的經濟觀念：認為一味儲蓄反而造成經濟遲緩，此即所謂的「節儉的矛盾」，此與傳統認為儲蓄是無上美德的理念有別。可見東西方生活價值觀，在不同時期，有著或同或異的思維。

　　西方經濟金融發展較為先進，金融商品也不斷推陳出新，值得亞洲國家效法。在東西交流，金融互動之後，若干亞洲國家也

引進了高消費習慣，但是在2004、2005年間，韓國與台灣均發生了嚴重的卡債問題，未儲蓄便先消費，造成棘手的金融與社會問題。可見，東西文化各有特色，在汲取交融時，須能適可而止，去蕪存菁。

台灣對外開放程度甚高，文化與社會發展多元，歐美時尚遇上亞洲典雅，西方技法遇上東方意境，發展空間甚廣。多觀摩，多探索，除了見識多元世界，尚有不少機會創作出更多風貌；同時也要多思考，多辨識，在合宜抉擇下，捏塑更適切的生活路線。

（工商時報，2012年2月3日）

希臘欠缺一個經濟神話

以神話魅力發揮吸引力的希臘，目前需要另一個神話，如何在其長期財政鉅額缺口且欠缺生產競爭力的情形下，起死回生，展現一個經濟神話。

希臘債信問題近年來引起全球側目，不但連累歐元區經濟，也讓世界驚訝。據報導，2010年希臘政府高達3000億歐元的債務，相當於其GDP的113%，年初它幾乎要破產，但在同意四年內實施高度緊縮措施後，獲得國際貨幣基金以及歐盟國家的緊急貸款，才暫時平息了一觸即發的潛在風暴。

國際間對於希臘不免眾多批判，除了對其政府處理措施嚴重失當之評論外，對其福利制度與民眾工作習慣亦有不少微詞。歐盟官員曾指責希臘長期財政失衡，幾乎每數年即發生一次國家債信危機，惟政府依然開支浮濫，又無法促進經濟成長以增加稅收。未符合歐元區整合標準而屢遭糾正，而且金融市場始終未能建立信心，曾以隱匿性貸款偷偷舉債，粉飾太平。其公務員人數過眾，偷逃稅現象嚴重。國家財政吃緊而週轉不來，遂以發債來籌資，遠遠超過歐盟規範上限，信用幾至破產。

在龐大財政赤字下，政府仍每年撥出福利經費數十億歐元，其福利優惠過高，讓民眾反而失去工作的誘因。到希臘旅遊，總會看到希臘人民悠閒的一面，人民多未汲汲營營於工作賺錢，喜

愛徜徉於藍天下的微風中，在徐徐的陽光位移間，慵懶地數著朵朵白雲。據聞有些公司的員工常是早上10點到11點出現，晚上7點左右下班，9點鐘開始晚餐，接著去酒吧坐坐，凌晨2點睡覺。如此輕鬆而無效率的工作態度，自難以締造經濟佳績，其經濟發展遠落於工業國家之後。

希臘的特色，在於文化資產的無窮魅力。5600年前古希臘之「邁諾斯文明」被視為歐洲文明之發祥地，希臘神話引人暇思，故事情節玄奇奧秘，雕塑作品無數，古典建築懷古。其神話內容涵蓋古希臘人的神、英雄、自然和宇宙歷史，很多都通過希臘藝術品來表現，諸如陶器、繪畫與浮雕藝術。這些神話開始是口語相傳，有些透過古希臘文學來記述，著名的文學作品包括荷馬的敘事史詩《伊利亞特》和《奧德賽》。如此豐富的文化資產，吸引了全球不少遊客，每年有超過400萬名觀光客來此遊覽，這也是希臘的重要收入來源。

豐碩而有創意的文化資產，奠下希臘發展文化事業的堅實基礎，藉此打造出亮麗的文化創意產業，應是大有可為。然而，如果民眾只是享受現有文化資產，不想費神打拼，於是乎生活懶散，創新停頓，經濟進展緩展，與這個瞬息萬變、風潮時轉的世界來對比，自是趕不上競爭激烈而不斷創新的工業大國與新興國家。

德國向希臘提出援手來解救其危機時，特別要求希臘政府必須修正其工作與福利相關措施，責成希臘須提高其工作效率，不能徒只留下一堆債信給他國來處理。德國媒體對希臘所作的獻計為「早起床、多幹活、少福利」

未來讓希臘經濟改善，文化創意產業應可扮演相當重要的角

色。發展文化創意產業，除了「文化」內涵必須豐富之外，尚需持續地注入「創意」之元素。如果只是數百年不變地呈現原有作品，時日久遠之後，自然失卻吸引力。不妨問問觀光客，是否有興趣對文化古物再作第二次甚至第三次的觀賞？如果老舊的建築文物不思整飭，觀光客往往第一次好奇瀏覽後便無意再度蒞臨。因此，凡全球各地的文藝古城，都需要試圖創造出風貌嶄新而本質不變的文藝氛圍，打造新舊共具的文化享饗，讓觀光客願意再度行腳至此。換言之，「文化」須加上「創意」，才能衍生源源不絕的永續價值。

創意是一項可以自行增值的才能，不獨運用在文化產業上，也要貢獻在其他的科技產業與傳統產業上，乃至於政府措施策略的規劃上，方能有活力與競爭力。以希臘而言，有了豐碩而沈睡多年的文化內涵，就待工作態度的調整與創意的覺醒。不只希臘須如此，同樣地，無論是先進國家或文明古國，若欲經濟維持長期的活力與競爭力，也不能不認真地投入，尋找創意的持續火花與精彩果實。

（工商時報，2011年11月10日）

坎坷復國史
——從川普首訪華沙談起

　　波蘭，一個位於東歐邊緣鄰近西歐的小國，2017年七月，隨著川普的耀眼旅程，成為全球鎂光燈焦點。川普赴德國參加G20，到達歐洲後，訪問首站選擇先到波蘭首都華沙，引起各方驚訝與關注。波蘭在全球各國GDP排名為24，人均GDP排名為57，為何獲得川普青睞，把訪歐的首站殊榮送給波蘭，各界多所揣測。也引人留意到這個國家的諸多獨特性，包括其地理位置，政治命運，以及其國內經濟及國際經貿之潛力與挑戰。

　　波蘭的小型經濟體，難在列強中稱霸，而也具有小型精緻的性質。2008年金融海嘯時，是唯一未受衝擊的歐盟國家，與其金融體質未泡沫化有關。波蘭金融體系逐步發展中，仍未臻先進程度。根據國際貨幣基金與世界銀行合作發表的2014年報告書，對波蘭提出改進意見，建議加強其存款保證與資金穩定措施。依2016年其統計局資料，銀行家數73家，其中國營銀行4家，主要以外商銀行為主。以2012年資產而言，外資擁有七成左右。歷年來外商銀行比重雖已逐年降低，民眾與企業仍較偏好與外資金融機構來往交易。由於在波蘭的外資銀行之管理較為健全，弊端較低，有助降低金融危機對波蘭之衝擊。兌換國際貨幣不必一定要到銀行排隊，可在合格的貨幣兌換所交易，可謂金融國際化程度不低。因為波蘭金融市場規模較小，幸未形成泡沫體質。

金融海嘯後，波蘭乃是唯一從2009年到2016年GDP持續增長的歐洲國家。近年來，原本不理想的就業市場改善，投資活動增加，農業產值提高，政府推出鼓勵住房投資的措施，刺激國內需求，其債務比希臘、西班牙等國家為低。在波蘭加入歐盟之前，經濟發展力道有限；2004年5月1日，波蘭加入歐盟，倚賴歐照來拓展其對外經貿交易，並致力促進科技，力圖縮短與西歐國家的經濟差距。波蘭獲得歐盟1145億歐元補助款，有助於其推動基礎建設，拉近城鄉水準，進一步改善原本貧富差距不大的經濟體質。歐盟盟主德國乃波蘭最大貿易國，一方面大舉往波蘭投資設廠，另方面波蘭也對德國大量出口農產品。2016年台灣對波蘭之出口，以積體電路為大宗；波蘭與台灣經貿關係漸增，雙方已簽署租稅協定，2016年12月30日生效，預計波蘭台商可獲得實質減稅利益，有助雙方相互投資貿易。

波蘭地理位置具有東西歐橋樑之相，西鄰德國，東鄰俄羅斯，西南隔著捷克為奧地利。在歐洲分類方式上，有時被歸在中歐四國之一（包括匈牙利、波蘭、捷克和斯洛伐克），甚至歸為廣義的西歐（俄羅斯以外的歐洲），具有伸展東西歐之潛力。此外，波蘭也位於中國與歐洲溝通要道上，一帶一路也有可能給了波蘭經濟機會。

波蘭經濟具有若干挑戰。近年來，不少波蘭人前往英國，倚賴英國與歐盟聯繫管道尋找工作機會。然而，2016年6月英國公投選擇脫歐，住在英國的波蘭人可能減少原有之歐盟就業管道，英國也只能向其境內波蘭人道歉。最近波蘭要求德國為二次大戰所造成波蘭損失予以賠償，兩國正相互拉鋸中。此外，波蘭國會所通過的新司改法案，受到民眾質疑抗議，歐盟也揚言制裁。固然波蘭須倚賴歐盟提供經貿機會，而這些事件又似乎隱喻著波蘭

在歐盟中搖擺的蛛絲馬跡，有待觀察。

　　人才是國家競爭力的關鍵要素。波蘭曾遭三度瓜分，兩度亡國，仍不屈不撓地力求復國。在悲苦中的人們，其潛能爆發力更強。波蘭曾經有16人獲得17次諾貝爾獎，居里夫人獲獎兩次。16世紀發表「天體運行論」的哥白尼是波蘭人。19世紀名音樂家蕭邦成為波蘭音樂的標幟，享譽全球。20世紀名鋼琴家帕德雷夫斯基以音樂進行外交，獲得國際支持，推動波蘭在1918年復國並受擁戴成為總理兼外交部長。川普在拜訪時大肆稱贊「你們的精神偉大，你們的信仰堅定。」然而，具有個別優秀人才的國家，能否孕育社會上廣泛的企業人才群，具備活絡經濟的豐沛人力資源，不能只靠個案，有賴政府與環境的營造。

　　川普踏上波蘭國土，除了振奮波蘭士氣外，是否美國有意在東西歐管道上使力，藉以拓展其經貿及外交上之力道，可待觀察。波蘭在經歷坎坷歷史命運之後，近數十年來在穩定中成長，未來能否站穩腳步立足世界舞台，在東西歐間的平原上豎起長久亮麗的城堡旗幟，一直在時間的考驗中。

（工商時報，2017年9月4日）

「我有一個夢」
──跨時空的人文動力

　　1963年，美國黑人民權運動領袖金恩博士（M.L.King）發表〈我有一個夢〉（I Have A Dream）的演說，轟動當時社會，促成美國國會在隔年通過《1964年民權法案》，確立了美國各州「種族隔離政策」的非法性。這個觸動心靈夢想的演說提到：「我夢想有一天，在喬治亞紅山上，昔日奴隸的兒子與奴隸主的兒子，坐在一起共敘兄弟情誼。我夢想有一天，我的四個兒子生長在不以膚色，而以品德來評判他們的國度。如果美國要成為一個偉大的國家，這個夢想必須實現……。」在紛雜的時空，靠著心靈的呼喚，人文的動力，帶出了當時社會歷史性的變革。

　　夢想的存在，讓人們植入奮鬥的動力。每個人有著不同的夢想，追求人生的價值，心靈的充實。人類生而具有的自然探求，包括藝術美感的吸引，平和安寧的境界，徜徉時空的自由，自我價值的肯定，以及人間情愫的交流等等。在重視人文的社會中，其文化水準將會提昇。無論日出日落，斗轉星移，時代更迭，科技進步，經濟成長，財富累積，在春去秋來的歲月裏，世人長存的人文心靈需求，不因科技而消磨，不因時代而殞落。其實人類生而具有的人文需求，往往成為推動社會步調的動力。可惜的是：人文的重要性，總是在忙碌的社會中未被鄭重提及，忽略它的存在。

　　時空轉換，自古以來，社會總是紛雜多元，總在社會風氣破壞後靠人文的呼喚而覺醒。以歐洲十三世紀前的中世紀時期而言，瘟疫肆虐、戰亂頻繁、文盲普遍。十四世紀，文藝復興運動興起，強調人文主義，反對功利主義，以人的價值為主要思維，重視教育，發揮創意，遂而社會活力增加，經濟增長，也助成文藝的蓬勃活躍。這股動力，讓歐洲呈現嶄新的成長面貌，成就了歐洲歷史上的燦爛成果。這人文的成果，也跨洋擴散至其他國度。

　　人們種種心靈感受境界的提升，以及人間關懷互動之深意，皆是人文所涵蓋之範疇。人文的滋潤，乃是跨越時代，超越洲際。人文主義的研究，以人文學科稱之，係指與人類價值與精神以及文化有關之學科，包括：語言學、文學、詩歌、歷史學、哲學、考古學、藝術史與理論，以及具有人文主義方法的其他社會科學。可見人文的範疇相當寬廣，無所不在。

　　人文的發展，需與其他領域相輔相成，人文有賴各種領域相挺，其他領域有賴人文發動。發展文藝需要資金挹注，有賴經濟面之支援；提高文藝作品創作效率需要新型技術，有賴科技面之合作；順暢文藝環境需要政府之重視，有賴政治面之推動；更重要地，人文價值之提升需要社會民眾之普遍接觸，有賴教育面之紮根。

　　從另一方面而言，其他領域的發展，也與人文動力有關。以科技發展而言，新科技之推出，往往是某些心靈渴求所致，或是生活模式的改變，或是創意發揮的空間。例如：將原本單純的通話功能加上藝術概念，乃是賈柏斯（S. Jobs, 1956-2011）美學至上的設計理念，以簡約美觀的畫面，把蘋果手機打造成手機界的高

鋒，乃是成功的文創產品，這概念讓科技界無止境的努力，一直追求著結合美感與實用的突破技術。近年來也有虛擬實境科技的發展，提供使用者種種感官的類比，感覺彷彿身歷其境，可以即時、沒有限制地觀察多維空間內的事物，如入夢境。

再從經濟發展而言，市場消費者帶動著供給者的生產方向，生產內容反映著消費者的心態需求。愛美的心態帶動化粧業與服飾業，愛樂的傾向帶動唱片業與演唱會，愛夢的心態帶動電影業與戲劇業。以大規模貧民窟的印度而言，其電影業頗為興盛，造就了孟買電影工業基地「寶萊塢」（Bollywood），讓平日生活貧困的基層民眾在電影中獲取空虛飢渴心靈的滿足，享受三小時的歌舞歡樂。印度近年來，每年大約產出1,600部電影，以平均每天產出4.3部的數量，乃世界第一的電影產出國家，從本土拓展到國際市場。

人文的動力如此強大，紮根工作更為重要。作為千秋大業的教育工作，更是影響深遠。古希臘哲人蘇格拉底（Socrates，B.C.470~B.C.399）曾說：「教育不是灌輸，而是點燃火焰。」在小小幼苗的心中，植下人文之根，帶領學生對未來播種理想的期待，把知識智慧與人文串連，其所產生的動力，則是跨世代源源不絕，形塑了文化，滋潤了文明，刻劃了昨日的歷史，明日的前景。

（工商時報，2020年9月4日）

第三篇
經濟觸動之體制

壹、公共基金

- 退休基金組織之規劃面向
- 臺灣年金體系回顧綜覽
- 德國與臺灣公務人員年金制度比較借鏡
- 年金改革的國際軌跡
- 美國退休帳戶之可攜性與租稅優惠
- 美德年金之長期借鏡

退休基金組織之規劃面向

前言

　　政府基金有多種用途，包括退休基金、產業發展基金、市場穩定基金等，因不同政策目的而設置。本文以退休基金為研析對象。每項退休制度都有相對應的退休基金，進行運作，期能提高收益以增加其財源。我國之基金包括軍公教退撫基金（1943年建置）、國保基金（2008年建置）、公保準備金（1958年建置）、勞保基金（1950建置）、勞退舊制基金（1984年建置）以及勞退新制基金（2005年建置）。至於各基金能否增加收益，以挹注財源之功能，與該基金的組織架構攸關。如果基金受到太多的牽制，收益就難以提高，但是給予太大的自由度，可能又失去掌控監督。因此，如何在安全性與收益率之間取得平衡，是非常重要的關鍵。

　　年金改革之推動，在我國已實施數年，以公務人員優惠存款制度為例，於1995年推出新制，新進人員不再享有優存利率，接著陸續推出舊制下優存本金調降方案。接著，年金制度陸續推動改革，包括2011年1月1日起，將退休年齡延後，從75制改成85制。2013年4月考試院進一步將相關退撫法案送至立法院，完成

一讀，但未能進行二讀、三讀之審查。2016年政黨輪替後，把年金改革視為重點工作。年金改革委員會於2016年6月1日成立，於2017年1月22日召開年金改革國是會議。國是會議分成三組「給付、領取資格」、「基金管理、財源」、「制度架構、特殊對象、制度轉換」，其中「基金管理、財源」組主張退休基金應提高收益率，乃是多數人所認同的。至於如何達此目的，則須仔細研析規劃。

本文將先觀察歷年來各政府基金的收益率，接著討論各項基金運作的相關機制。也由國際的經驗來探討，臚列不同的基金組織架構。最後，提出建議以供參考。

各退休基金收益率

各退休基金之收益率，年年不同，參見表一。各年的收益率與經濟成長率有相當密切的關係，2008年乃是金融海嘯，大多的基金都呈現出負值的報酬率，在民國2011年正逢歐債危機，所有基金的收益也都是負值，至於民國2015年臺灣經濟成長率未能夠保1%，除了公保準備金之外，其餘的基金全部都是以負值坐收。可見基金的操作與經濟金融環境有相當密切的關係，受到國內外經濟情勢甚大的影響。然而，如果再進一步比較，仍可看出每一基金操作成效，仍有差異。可見退休基金績效有改善空間，如何能夠讓基金提高效益，乃是一個值得探討的議題。

表一 各政府基金歷年收益率

單位：%

年度	勞退（舊制）	勞退（新制）	勞保	公保準備金	國保基金	退撫基金
2005	3.00	1.53	3.79	3.01	-	4.74
2006	5.08	1.62	7.91	5.67	-	10.93
2007	5.04	0.42	5.78	6.84	-	4.91
2008	-10.04	-6.06	-16.53	-12.44	2.39	-22.33
2009	13.40	11.84	18.21	15.23	1.52	19.49
2010	2.11	1.54	3.96	2.61	3.74	3.60
2011	-3.53	-3.95	-2.97	-2.87	-3.66	-5.98
2012	4.50	5.02	6.25	4.72	5.06	6.17
2013	6.58	5.68	6.35	6.02	4.06	8.30
2014	7.19	6.38	5.61	6.72	6.05	6.50
2015	-0.58	-0.09	-0.55	0.37	-0.45	-1.94
2016	4.17	3.23	4.02	5.12	4.26	4.29

資料來源：考試院公務人員退休撫卹基金管理委員會
說明：因勞退新制基金建置於2005年，本表自2005年開始彙總資料。

　　退休基金提高收益率，並非一廂情願便可達陣。各種退休基金乃是公共基金，宜兼顧安全性與獲利性。為顧及安全性，政府加上甚多監督與業務管制。因此，安全穩定的維持仍是參加者不可偏廢之要求。然而在較強調安全穩定的基調下，操作受拘，難有亮眼佳績。

　　公務人員退休撫卹基金監理委員會於1999年起至2016年間，針對公務人員共進行8次調查，徵詢其對基金操作之意見，關於基金收益高收益伴隨高風險投資方向之看法，參見圖一。圖一擇原調查報告近兩次資料列示之，雖然高收益為眾所期望，但「不贊同」（含「非常不贊同」）基金追求投資更偏向高收益伴隨高

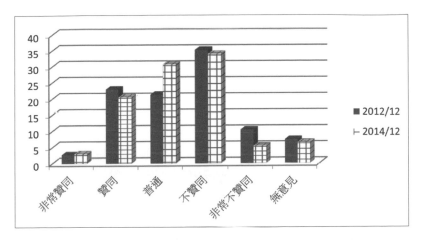

圖一、公務人員對基金追求較高收益但需伴隨著較高風險投資方向之看法

資料來源．本研究整理自《公務人員退休撫卹基金運作意見調查十次結果之比較－
公務人員及教育人員部分》，考試院公務人員退休撫卹基金監理委員
會，2016年，頁49。

表二、2013-2015年國內外政府基金績效表

單位．%

名稱		2013-2015 年平均
Employee Provident Fund （馬來西亞）		7.23
Government Pension Investment Fund （日本）*註		6.85
National Pension Fund （韓國）		4.66
CalPERS （美國）		7.53
Norwegian Government Pension Investment Fund （挪威）		8.76
台灣	勞退（舊制）	4.40
	勞退（新制）	3.99
	勞保	3.80
	公保準備金	4.37
	國保基金	3.22
	退撫基金	4.29

註：日本GPIF會計年度始於每年4月1日。
資料來源：本研究整理自考試院公務人員退休撫卹基金管理委員會資料。

風險投資方向之比例高達六成以上。歷次調查的結果顯示，基金投資應採較為保守的投資方向。另外私校退休基金提供投資者自行選擇投資組合，也多以選擇保守型態居多。

若再與他國之基金報酬率相較，表二顯示：2013年至2015年間，馬來西亞、日本、韓國、美國、挪威等國之政府基金績效，此三年平均值來看，台灣各公共基金之三年平均報酬率與韓國相近，低於馬來西亞、日本、美國與挪威等國。美國加州與舊金山退休基金聲稱其退休人員給付財源三分之二來自於基金貢獻[*]，令我國基金績效相較汗顏。可見不同基金之操作人員的情勢研判與操作策略，對基金報酬高低影響甚大。

組織架構

退休基金收益率，是有必要提高的。各種退休基金乃是公共基金，宜兼顧安全性與獲利性。如何在顧及安全性的前提下提高收益率，須在機制上給予適當的彈性與適切的監督，不宜僵化，才能因應經濟金融情勢，發揮效益。由於公務員受限於人事、預算、待遇多種制度框架，在多變的環境下力求穩定，奢談應變。改進之道，無論是聘用制度、人員編制、薪酬待遇、投資標的等等，均須對相關規範予以修訂鬆綁。

基金之運作必須有三個層面，包括監督機制、管理機制以及操作機制。監督單位職責為監督該基金必須兼顧管理及安全性

---

[*]　參見《考試院105年考銓業務國外考察美國考察團考察報告》。

及獲利性,運作合法合規。管理單位管理基金操作之作業相關事宜。操作單位實際執行基金之運用、調度、操盤。三項工作可由不同單位負責,彼此須環環相扣。

以我國來說,表三顯示公教人員保險之監督單位乃是公教人員保險監理委員會,至於管理與操作乃委託臺灣銀行承做。至於公務人員退撫基金,乃是由退撫基金監理委員會進行監督工作,設置在考試院,由考試院副院長擔任此委員會之主任委員。基金管理由銓敘部退撫基金管理委員會負責,由銓敘部長擔任主任委員,其操作包含兩部分,一部分是自行操作,另一部分是委託給

表三、我國政府退休基金管理體系表

基金名稱 / 組織功能性	勞工保險基金	勞工退休基金	國民年金	公務人員退撫基金	公教人員保險
監督	勞動基金監理委員會		國民年金監理委員會	退撫基金監理委員會	公教人員保險監理委員會
管理	勞動部勞工保險局	勞動部勞動基金運用局		銓敘部退撫基金管理委員會	
操作	委託勞動基金運用局代操	新制:自行操作及委外操作（國內外投信）	委託勞動基金運用局代操	自行操作	臺灣銀行承作（管理與操作）
		舊制:自行操作（委託台銀）及委外操作		委外操作	

資料來源:參考郝充仁等（2015）,《我國政府基金管理組織整合及轉型可行性評估之研究》,國發會委託計畫,臺灣綜合研究院,表5;並修改之。

國內外的操作機構來進行。此外，在勞工部分，勞工保險基金以及勞工退休基金舊制與新制也有某些差異。勞保部分監督單位乃是勞動基金監理委員會，管理單位是勞動部勞工保險局，操作部分委託勞動基金管理局（勞基局）。另外勞退之管理工作由勞動部勞動基金運用局，負責勞退、勞保以及國民年金部分之自操及委託操作。至於勞退舊制之自行操作部分則委託臺灣銀行來進行。而國民年金由國民年金監理委員會來監督，管理單位及操作委託勞基局。這些不同的制度，各有利弊，未來是否需要整合，是否需要進一步在組織方面包括監督、管理、操作等層次進行改制，都有待細緻深入的研析討論。

表四、國外政府基金管理組織層次概表

國家型態	美國TSP	美國加州CalPERS	英國	香港	新加坡	智利	韓國
監理	行政機關	行政機關	行政機關	行政機關	行政法人	行政機關	行政機關
管理	獨立政府機關	獨立政府機關	民間公司	民間公司		民間公司	基金型準政府機關
操作	民間公司				公司法人		

資料來源：郝充仁等（2015），《我國政府基金管理組織整合及轉型可行性評估之研究》，國發會委託計畫，臺灣綜合研究院，表37。

組織藍圖與議題

　　對於我國各種政府基金的全盤架構，應該有長期的藍圖規劃，審慎研擬。根據三層年金架構[*]，第一層年金為基礎年金，

---

[*] 世界銀行於1994年建議各國政府可透過三層保障的年金制度來解決老年危機問題；進一步在2005年提出將原有的三層式設計，擴大至五層式的年金架構。針對不同適用對象所設計的多層次年金模式。

重點在於保險。第二層重點在不同職場的退休基金。至於第三層年金是商業保險,則可鼓勵社會上的金融機構,研發更多適合銀髮金融的金融產品。三層年金如何改制,涉及多項議題,宜仔細研議。無論如何改制,均涉及退休基金組織架構之改制。

　　圖二為退休基金組織架構考慮面向圖,退休基金必須兼顧獲利性與安全性,欲提高獲利性,則操作人員必須具備專業性,

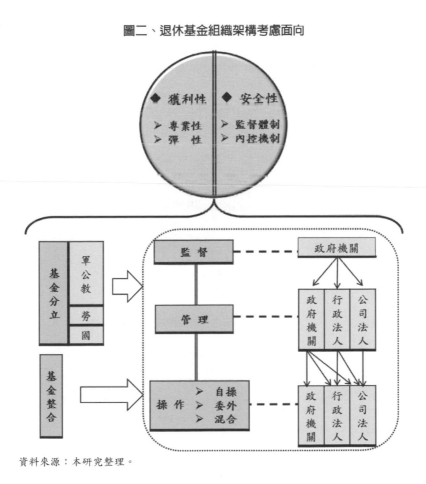

圖二、退休基金組織架構考慮面向

資料來源:本研究整理。

機制宜具備彈性。為保持安全性，則監督體制必須健全，內控機制必須鞏固。為達到這些目的，將來在組織架構設計上有幾個層面必須予以考慮：第一，各退休基金是否需要予以整合。第二，監督單位如何架構。第三，管理單位可以包括那些模式。第四，操作模式應該如何進行。每一項都有不同的選擇：基金分立或整合，就有兩種選項；監督單位則必須要由政府機關來進行；管理單位包括政府機關、行政法人、公司法人等不同模式；而操作的方式可能是自操、委外或混合，也一樣可以由政府機關、行政法人或公司法人等等不同的方式來進行。

這四個面向搭配就有許多不同的配套，每一個配套各有其利弊得失。在組織架構改造的時候，若干事項必須仔細斟酌，參見表五。包括（1）基金分立或整合所涉及的規模經濟是否提高，風險分散及維持競爭的考量。（2）維持行政機構須做的修法以增進彈性與專業性的可能性。（3）採用行政法人則必須制定專

表五、各組織架構應斟酌的事項表

基金與機構型態	斟酌事項
基金分合	・整合：規模經濟 ・分立：風險分散＆維持競爭
政府機關	・修法以增進彈性與專業性之可行性
行政法人	・制定專法或修法 ・董事會、總經理權責 ・盈虧處理＆薪酬制定 ・內控機制強化
公司法人	・商銀或其他金融機構 ・公營 vs 民營機構

資料來源：本研究整理

法，明定董事會總經理的職權，盈虧處理及薪酬制定的規劃，以及內控機制如何強化等。（4）採用公司法人則涉及以商業銀行或其他金融機構的型態，以公營或民營機構的方式等選擇，均需討論。建議仔細評估不同模式，預想可能的問題，謹慎研究並周全抉擇。

採取不同組織型態，宜斟酌之處分述於下，利弊互見。

（一）關於基金分合

各基金若予以整合，資金額度增加，具有規模經濟之效益；若維持分立，各基金運作模式與績效不同，則具有相互競爭並分散風險之效益。

（二）關於政府機關

1. 專業人員擴編：基金操作同時具高度專業性及複雜性，專業人才的選任有助於提升基金運作效能。須彈性擴編用人員額，增加專業人才，修訂相關法規。

2. 人員待遇：基金管理運用須具備財務、金融、保險、經濟等專業，其專業加給宜比照金融監督管理委員會及行政院農業委員會農業金融局之專業加給方式，並考量依其績效納入獎懲機制。

3. 退撫基金管理委員會之主任委員原由銓敘部部長兼任，為避免兼任事務太過繁複，宜由具財經專長者專任管委會主委。

（三）關於成立行政法人

此制組織運作彈性較高，須考慮修訂「行政法人法」或另制定「基金型行政法人法」專法。行政法人之設置目的在確保公共事務之遂行，運作更具效率及彈性，不以公務員考試方式晉用人員，期以杜絕公務人員缺乏創新、只求無過的心態。目前已設置之行政法人包括國家表演藝術中心、國家中山科學研究院、國家運動訓練中心、國家災害防救科技中心，以及2017年1月甫成立之高雄市專業文化機構。由於退休保險基金以獲利為重要訴求，性質與前述各行政法人迥異，須考慮修訂原有行政法人法，或另行制定基金型行政法人專法，並需審慎研議，力圖建制適切機制，以兼顧安全性與獲利性。

（四）關於公司法人

另一操作選項為公司法人，目前公保準備金以及勞退舊制自行操作部分，乃是委由公營行庫操作，已具有運作經驗，未來可討論是否合宜依此模式擴充。

結語

「凡事慎之於始，庶幾可善其後。（清、左宗棠）」

「不慎其前，而悔其後，雖悔無及矣。（西漢、劉向）」

年金改革之推動，工程艱鉅。其中很重要的一環，即是設法

提高各退休基金之績效。為達此目的，必須在體制上思考改進之道。2016年是年金改革頗重要的一年，未來基金型態亦在思考改制，宜多方思索，搜集資訊，審慎研判，以作最佳抉擇。

　　政府監督管理之退休基金乃公共基金，必須兼顧獲利性與安全性，在機制上從監督、管理、操作，均需有健全組織與機制，環環相扣，缺一不可。鑒於退撫基金長期績效不甚理想，如何在有效的監督管理下運作，並提升其績效，乃重要之課題，宜考慮周全。若基金改制，監督單位必是政府機關擔綱，在管理單位上無論是採用政府機關、行政法人或公司法人，都各有利弊，短期可在政府機關尚未改制之前，增加運作彈性以及人員擴編。若管理單位改制為行政法人，則必須留意其所涉及的各種權責及盈虧處理等問題。

　　年金改革乃是一個長久且必須執行的議題，社會各界熱切關注，目前已進入退休基金要改制的階段。無論如何改制都關係到未來基金的盈虧以及年金制度的發展，值此時刻應該慎重。

（《人事行政季刊》第199期，中國人事行政學會，2017年4月）

臺灣年金體系回顧綜覽

　　臺灣社會經濟保障制度包括社會保險制度與退休年金制度，隨各職業別有不同投保金額與領取金額。由於財務捉襟見肘，呼籲年金改革聲浪甚高，各界討論沸沸揚揚，不同族群之間相互批判責難，甚至陷入情緒糾結。然而，在評論如何改革之前，宜先將各制度並陳以綜合覽析，瞭解其財務運作機制，精細檢視相關環節，避免以偏概全，方能有平實合宜之研析。然而相關年金機制甚為繁複，本文不擬鉅細靡遺說明，僅以2016年情形，擇部分重點列示，期以掌握臺灣年金機制輪廓。

切割分立的年金體系

　　台灣之經濟保險制度行之有年，針對不同職業別，設立社會保險與退休制度，職業別包括公職人員、教育人員、軍職人員、勞工人員及農民等。各制度之設立日期、資金挹注、支給標準、收支盈餘各自有別，彼此切割分立，諸多差異。

　　每制度之設立背景與沿革不同，分成保險制度與退休制度，依投保對象分別列示。不同制度之進展不同，彼此有相互合併或分離之嘗試，福利優惠各有規劃。這種分立而複雜的機制，一旦

遭逢財務窘境，掀起改革之議，便引起社會對各制度福利相互比較。在機制比較時，可分別就社會保險制度與退休制度分別析覽，討論其規模面、收入面、支出面及盈虧處理面。

首先，須先將「年金」一詞予以澄清。一般將年金視為退休後每年所領取之金額，可謂是狹義定義。而目前各界年金改革議題所述之內容，討論各職業別之保險給付與退休給付，乃採廣義定義，包括一次領取額與逐年領取額，不只限於狹義的範圍。因此比較各業之所得時，宜在此廣義定義下，加總保險與退休所得作為相互比較基礎。

社會保險制度之比較

各社會保險制度之規模不同，可由存保人數與基金淨額觀之。表一顯示：規模最大者為勞保，存保人數約1007萬人，公保存保人數約58萬人，再者軍保人數為22.8萬人。至於年金給付，由於公教人員保險之年金甫開辦，實際領取人數比其他保險為低。

各基金收入來自於保費收入，2015年保險費率，勞保為9%，公保為8.83%，保費之負擔分配方式，軍、公之投保者35%，政府補助65%，勞保則由雇主負擔最高比例70%，政府補助10%，投保人20%。至於各制度之投保薪資各有差異，以公保投保薪資級距介於10,490元至53,075元，政務人員及中央民代為95,250元。勞保則介於20,008元及45,800元之間。

表一、我國各類社會保險制度比較（2016年）

項目＼人員類別		公保 （公教人員保險法）				軍保 （軍人保險條例）
		公保 合計	行政機關 公務人員	公營事業 人員	教育 人員	
規模	在保人數 （人）	582,412	247,789 （2016年 5月止）	49,140 （2016年 5月止）	285,483 （2016年 5月止）	228,614 （2016年 4月止）
收入面	（2016年） 保險費率	8.83%（適用一次養老給付者） 10.25%；逐年調高至107年為13.4%（適用養老年金給付者）				8%
	保費負擔 （比例）	被保險人35% 政府補助65% （私校由政府及學校各補助35%）				被保險人 35% 政府補助 65%
支出面	老年年金 請領條件	一般條件 A.投保年資15年以上且年滿65歲； B.投保年資20年以上且年滿60歲； C.投保年資30年以上且年滿55歲。				─
盈虧處理面	基金淨額 （保費收入 減去總支 出）（億元）	2493.2144 （至2016年4月； 不含退休人員保險準備金）				163.5966 （至2016 年4月）
	政府撥補總 金額累計 （億元）	4052.7980 （1958年至2015年）				─

資料來源：參考銓敘部整理資料；臺灣銀行公教保險部提供（公保部分）；臺銀人壽保險部提供（軍保部分）；勞動部勞工保險局-統計年報（勞保、農保與國民年金部分）

	勞保 （勞工保險條例）	農保 （農民健康保險條例） （老年農民福利津貼暫行條例）	國民年金 （國民年金法）
	10,073,327 （2015年12月止）	1,284,649 （2015年12月止）	3,509,970 （2015年12月止）
	9%	2.55%	8%
	受僱勞工：雇主70%、被保險人20%及政府補助10%；	被保險人30% 政府補助70%	被保險人60% 政府補助10%（一般情形）
	1. 年滿60歲有保險年資，保險年資合計滿15年者（2009.1.1年金施行後第10年提高1歲，其後每2年提高1歲至65歲） 2. 危勞降齡：工作滿15年，年滿55歲	全額補貼 1. 年滿65歲國民，在國內設有戶籍，且於最近3年內每年居住超過183日者； 2. 申領時參加農民健康保險之農民且加保年資合計15年以上者，或已領取勞工保險老年給付之漁會甲類會員且會員年資合計15年以上者。	年滿65歲
	4087.9067 （至2015年12月）	―	―
	7993.6550 （1950年至2015年）	1305.73 （1985年至2015年）	1166.4406 （2011年至2015年）

在支出面，在養老給付上，原則上加計年資與年齡，公保有35年資上限，勞保則無年資上限。在給付標準上，公保及勞保均與薪資掛勾，農保與國民年金則與薪資脫勾。在盈虧處理上，政府對各制度均有補助。公保另由公保準備金進行財務操作，操作盈餘挹注於基金。軍保原由徵收之軍人所得稅挹注，未來之撥補計劃尚待定案。

由此可見，公保之投保薪資比勞保為高，投保負擔比率也較高。勞保已在2009年實施年金給付，比尚起步之公保年金為早。

退休制度差異與爭議

各職業之退休制度及給付方式，示如表二。以規模言，以參與勞工退休新舊制人員最多，2015年12月參與勞退新制者即達622萬人。其次為公務人員，約29萬人，再者為公立教育人員，為18餘萬人。

以收入面而言，公職人員、公立教育人員、軍職人員均採確定給付制（DB），私立教職人員採確定提撥制（DC）。勞退舊制採確定給付制，勞退新制則作了革新，改採確定提撥制。各制度之現行提撥費率，除勞退之外，皆為12%。以支出面言，在請領條件、給付標準、年資上限之規定上均有不同。在盈虧處理面，以公教人員而言，其基金3年內平均最低年收益不得低於臺灣銀行2年期定存款利率計算之收益，如運用所得未達規定之最至收益者，由國庫補足其差額。其他各制均有類似機制，虧損由國庫撥補。

退休請領年金是社會爭議焦點，爭議最高者，為所得替代率之高低，此為退休後所領月退休所得占退休前薪資所得之比率，依照官職等、職務、本俸、專業加給、年資、退休年齡等不同條件，每位退休所得替代率並不相同，可能低至43%，也可能高至115%。在改革之時，取任何極端值作為改革依據皆有不妥，宜對不同情況作不同調整，乃是較為周全之方式。

在永續思維下分段改革

進行年金改革之前，宜先對各種可能改革模式先作思考，並對各改革版本作成本效益之影響評估。此為重大難題，不可輕忽急躁。改革模式可能多重，大致可簡述為下述三種。

改革模式之一為重新全盤架構新貌年金體制，仿世界銀行三層模式規劃，打造永續健全基石，尤其第一層作全體國民福利保障之設計。此制在於納入社會不同群族之訴求，由基本保障面尋求公平性的權益，適合第一層基礎年金。若採此重新規劃之模式，要將原有各制度的相關部分抽離，觸及各制度之原有設計，須大幅調整，改革工程將頗浩大。

較為簡易模式乃在目前制度下逐步調整，朝著延退、少領、多繳等方向調整。至於調整幅度多少，到底是所有制度完全拉平，抑或保持各職業別的差異性，如何分階段進行，預計將有不少改革版本提出。為使討論聚焦而減少爭議延燒時間，宜先作跨制度資料之交叉審視，而非只看單項資料，諸如：除分項比較各制之給付額與提撥額外，更比較各制之給付與提撥相對比率，並

表二、我國各類職業退休制度比較（2016年）

項目 ＼ 人員類別		公務人員
規模	參加人數（人）（至2015年12月止）	288,415
	2015年底基金運用餘額（億元）	5,746.71
	性質	DB
收入面	費率（2016年）	12%
	雇主責任	政府：65%
	個人責任	自付：35%
支出面	月退休金（俸）請領條件	1. 任職滿15年且年滿60歲。 2. 任職滿30年以上，年滿55歲。 3. 任職滿25年且年滿50歲，另依適用年度，以指標數規範之。 4. 因組改而依法得自願退休者，任職滿20年以上，年齡滿55歲。
盈虧處理	費率調整機制	定期精算。
	短絀處理機制	國庫撥補。

資料來源：參考銓敘部整理資料，取材自勞動部網路、公務人員退休撫卹基金網站、財團法人中華民國私立學校教職員退休撫卹離職資遣儲金管理委員會網站

教育人員		軍職人員	舊制勞工	新制勞工
公校	私校			
188,917	58,430	152,204	提存戶數 123,972家 提存人數 125萬人	6,221,337
	7.05	合併計於公教人員的運用餘額中	6,594.74	15,212.7
DB	DC	DB	DB	DC
12%	12%	12%	2%-15%	6%
政府：65%	65%（私立學校、學校工營機關各32.5%）	政府：65%	雇主負擔	雇主提撥不得少於6%
自付：35%	自付：35%	自付：35%	-	員工得自願提撥，以每月工資6%為上限
1. 任職滿15年且年滿60歲。 2. 任職滿25年以上，年滿50歲。	任職15年以上。	1. 服役滿15年以上年滿60歲者。 2. 服役滿20年（擇領月退休俸無年齡限制，但服役有前述年限限制）。	-	提繳年資滿15年以上。
同左。	-	同公務人員。	定期精算。	-
同左。	國庫撥補。	同公務人員。	國庫撥補。	國庫撥補。

同時計入一次提領額與逐年提領額。並對造成各制差異之原因檢討之，包括薪資投保上限是否維持之議題。此外，未來各改革版本提出時，可要求各版本提出影響評估（包括財務面、受益面、法制面等）。

　　將前述兩種模式予以混合搭配，亦是可能態樣。例如農保與國民年金整併，而公、教、勞仍在現有體制下調整。此模式需多方斟酌，先對不同年金制度之特色與差異進行評析，若將來有意打造年金新貌，目前若採小幅修改經驗可作未來進一步修正之參考。

　　任何制度之調整，均涉及國家財政負擔之增減，以及是否溯及既往之爭議。年金改革能否順利達成，不論從財經面、社會面、法制面乃至心理面，均宜慎思。既然今日敲鑼打鼓大舉改革之旗，則宜作出長期永續之機制藍圖，執行上分階段逐步進行，兼顧遠景與實務，在臺灣年金史上畫出漂亮的里程碑。

（《台灣銀行家月刊》第82期，台灣金融研訓院，2016年10月）

後記：台灣於2015～2016年啟動大規模年金改革，定案後改革新
　　　制在2018年7月開始執行。

德國與臺灣公務人員年金制度
比較借鏡

德國提出世界第一個社會保險制度，採取俾斯麥模式。俾斯麥（Bismarch, 1815～1898）是19世紀德國著名的「鐵血首相」，為德意志帝國第一任首相，他通過立法，1889年建立社會保險制度。至今百餘年，德國數度修改，各國也陸續建立相關制度。德國公務員退撫年金制度為社會福利制度重要一環，亦為保障公務員生活工作穩定而得以盡責服務的重要基礎。社會福利制度自俾斯麥建立之後，歷經數度若干修改，而其公務員退撫年金制度近年來亦有若干更迭。

本文先簡要摘述其社會福利制度輪廓與公務員退休年金制度，並與臺灣制度相互比較。透過制度比較，瞭解制度形成與改革之背景因素，擷取啟示，進以引申出可供臺灣參考之制度措施。

德國公務人員退撫年金制度概述與改革

德國為聯邦制國家，在政府部門公職人員包括在中央聯邦政府服務以及地方政府服務者。其中乃以聯邦政府為主。聯邦政

府中，公職人員包括公務員、法官、契約進用人員及軍職人員等。[*]德國聯邦政府工作人員示於表1，1991年為65.2萬人，逐年降低，2013年只為43.46萬人。其中公務人員人數並未降低，主要降低者為契約進用人員，由1991年27.94萬人至2013年，大幅降至12.98萬人，軍職及定期志工亦由1991年25.73萬人降至2013年減少三分之一至17.42萬人。其中全職者由62.88萬人降至38.83萬人，部分工時者則有增加。可見近十餘年來，德國聯邦政府結構有相當調整。

德國聯邦公職人員占總人口比例，與歐盟各國比較，歐盟國家各國公職人員數與其總人口比例在2013年平均為3.0%，德國則為3.5%，略高於歐盟平均值。歐盟公務員占總就業人口2013年比例平均為6.9%，德國為7.0%，亦高於歐盟平均值。

德國推動社會福利制度之後，美國羅斯福總統在經濟大蕭條時期推動社會安全法，日本也參考了相關制度，各國陸續建立福利保障制度。依照世界銀行於1994年所提出的三層次老年經濟保障模式，包括保障年金、職業年金、自主年金等不同層次，提供社會公私部門之保險年金架構[**]。

德國社會保險制度中，很重要的一項乃是公營老年保障體系，對老年化人口提供保障。可分成非自營業者及自營業者之保障，其中非自營業者又分成公務部門及私人部門。公務部門在1998年前，公務員採恩給制，由政府編列預算支付之。自1999年則開始朝向儲金制，公務員逐年提供薪資進入儲金。至於私人部

---

[*]　依Federal Ministry of the Interior (2014), "The federal public service", December, pp.37之定義Public Service Staff = Civil Service, Judges + Public Employees + Career Military and Fixed-term volunteer.

[**]　參考關中等（2013），《102年度考試院日本年金制度考察報告》，考試院。

表1、1991-2013德國聯邦公職人員總數

	1991	1995	2000	2005	2010	2013
總計	652,000	546,300	502,000	481,400	457,300	434,600
公務人員及法官 Civil Service,Judges	115,300	134,100	132,600	130,600	129,600	130,600
契約進用人員 Public Employees	279,400	217,900	182,900	165,700	142,000	129,800
軍職人員及定期志工 Career Military and Fixed-term Volunteer	257,300	194,300	186,600	185,100	185,700	174,200
全職	628,800	521,600	465,600	427,500	405,200	388,300
部分工時	23,200	24,700	36,400	53,800	52,000	46,300

資料來源：Federal Ministry of the Interior（2014），"The federal public service",December,pp.37
說明：本表不含鐵路及郵局人員

表2、德國公營老年保障體系

非自營業者	公部門	1.1998年前為恩給制 2.1999年逐漸轉為儲金制
	私部門	法定年金保險，私部門企業多須參加，其中包括民營化之國營機構及保險機構
自營業者	自由業	自由業老年保障機關
	農業	農業老年保障
	手工業	法定年金保險（特別規定）
	藝術家及作家	法定年金保險（根據藝術家社會保險法）

資料來源：整理自
　　1. 王儷玲（2009），「先進國家公務人員退撫制度之研究」，《銓敘部委託專案研究計畫》，十二月。
　　2. Federal Ministry of the Interior (2014),"The Federal Public Service"。

門以及民營化之礦工、鐵路等機構以及海員等組織，亦有其保障體系。此外，自營業者的老年保障體系，如自由業、農業、手工業、藝術家及作家等，則根據其行業特性，各有規劃其老年保障體制（參見表2）。

德國公營老年保障體系，主要透過法定年金保險（Statutory pension insurance），對社會各類人士提供年金與各項基本福利津貼，此體系有別於商業保險。法定社會保險之項目，包括年金保險、意外傷害保險、失業福利、健康保險、長期照護保險等項目，這些項目乃是社會上一般部門所參與之法定保險。至於公務員、法官及軍事人員則不必全部參與此保險所有項目，因年金保險與意外傷害保險乃由政府負責，且無失業之虞，惟需多加考量健康保險及長期照護保險（參見表3）。

表3、德國法定社會保險與公務員保障

保險項目	法定年金保險（社會法典，第六卷）	法定意外傷害保險（社會法典，第七卷）	失業福利（社會法典，第三卷）	法定健康保險（社會法典，第五卷）	長期照護保險（社會法典，第十一卷）
公務員、法官、軍事人員之福利	豁免法定的社會保險；然而，像所有的其他德國居民，公務員都要求自行另加健康和長期照護保險。				
	由用人單位支付老人年金	由用人單位支付事故賠償	受工作保障	私人保險加上雇主津貼	包括由雇主津貼剩餘風險

資料來源：整理自Federal Ministry of the Interior（2014），"The Federal Public Service"。
說明：社會法典即Social Code

德國長期以來對於公務員之年金財務來源，原係由政府編列算的恩給制，來自於政府稅收，此制度由各國廣為借鏡。德國的年金保險制度，原採隨收隨付制（Pay-As-You-Go）概念，原則上

儘量當年度的保險費收入用於當年度的保險支付，因此可免於政府預算經費不足而造成財政赤字問題，並不必考慮跨年度的通貨膨脹與經濟成長率。換言之，原則上當年度有多少收入，即作多少支出，每年繳納者與領取者不相同。即使當年無法打平，則試圖在數年內予以緩衝。但是這制度另有一項爭議，蓋繳稅者多為具生產力的勞動階層，領取保費收入者多為退休之老人，以年輕世代支助年長世代，每個人一生所領取之保費收入與個人提撥之保費並不相連，極可能繳納得多而領取得少。

自1999年改變制度，公務每一份新增薪水提撥0.2%進入由德意志聯邦銀行（Bundesbank，即德國之央行）管理之帳戶，挹注公務員年金支出之儲戶。2007年1月1日，成立公務員年金基金，預計2020年起亦由德意志聯邦銀行管理。在此規劃下，公務員已逐年提撥部分薪資進入此基金，以充裕即將支付之年金支出。

若公務員離開公部門職務，參加法定年金保險，亦可要求支領老年福利。此類公務員必須至少在公部門服務7年，其中5年任職於聯邦部門。已達退休年齡（依公務員、員警等不同身分另有規定），其可領取金額與最終薪資（至少2年）及服務年資有關。此項福利內容包括年金、生存福利金與意外保險。以公務員而言，退休年齡為65歲，正逐漸調整延至67歲[*]。

所得替代率之計算，依年資每年逐增1.79375%，最高增至限額71.75%（以40年計），若領受年金者若支法定年金保險或補充年金及遺族津貼，在年金超過某一限額時則予以扣除。換言之，超過最高額則予以凍結。

---

[*] 參閱黃錦堂、林彥超（2015），「公務人員月退休金起支條件之檢討─兼論德國法與美國法之規定」，公務人員雙月刊221期，9月，頁14-34。

　　除受工作保障之公務員外，政府尚聘用契約進用人員，其年金包括三項內容：（1）法定年金保險，雇員與雇主各支付50%保險金；（2）補充保險（職業年金規劃），具強制性；（3）私人保險，可自行參加，尋求全額保險。

　　德國領受公部門退休年金保險之機關與人數示於表4，2014年統計總人數為155.9萬人，比2013年1月1日153.4萬人為多。領受者包括退休者、喪偶者、孤兒。領受者分成聯邦等級、邦等級、市等級，以及社會保險機構等四類。聯邦等級包括聯邦政府（公務員及法官、職業軍人）、鐵路、郵局等。在領受退休者人數中，邦等級之人數最多（62.6萬人），其次為聯邦等級（45.1萬人）。在聯邦等級中，以郵局之人數最多（21.3萬人）。

表4、德國領受公部門退撫年金機關與人數

受雇機關	領受者(2014)			總計	總計
	退休年金	寡婦、鰥夫年金	孤兒年金	2014年1月1日	2013年1月1日
一、聯邦等級	451	168	9	629	634
1.聯邦政府	131	44	3	179	177
(1)公務員及法官	62	24	2	88	87
(2)職業軍人	69	20	1	91	91
2.鐵路	101	64	3	168	174
3.郵政	213	58	3	275	277
4.其它公營機構	5	1	0	7	7
二、邦等級	626	154	14	793	765
三、市等級	82	32	2	116	114
四、社會保險機構	16	5	0	21	21
總計(一+二+三+四)	1,174	359	26	1,559	1,534

資料來源：德國聯邦統計局
https://www.destatis.de/EN/FactsFigures/SocietyState/PublicFinanceTaxes/PublicService/Pensioners/Tables/PensionersWidowsOrphans.html

德國與臺灣公務人員退休年金制度比較

比較德國與臺灣之公務員退休年金制度，彙整於表5，從制度體系、給予機制、經費來源、退休年齡、年資條件、退休金給付方式、所得替代率、近年改革方向等項目比較之。

在制度體系方面，德國在原有恩給制逐步改革，建立儲備金，且新加自願性補充年金；臺灣則分成公保與公務人員退休金兩部分。在給與機制方面，均採確定給付制。經費來源上，大致上從恩給制逐漸轉向儲金制。在退休年齡方面，兩國均延後退休年齡，而德國之起始領取退休年金年齡比臺灣為晚。在年資條件方面，德國以40年認定之，臺灣公務人員與勞工退休年資各制不同。在退休金給付方式上，德國均為按月支付，臺灣加上一次性給付之選項。在退休所得替代率方面，臺灣之容許空間比德國寬裕。在近年改革方向上，均朝減少支付負擔方向進行規劃，但推行步驟不一。

表5、德國與臺灣公務人員退休年金制度比較

項目	德國	臺灣
制度體系	1.法定年金保障 2.公務員恩給年金方案，已建儲備金 3.自願性補充年金（Riester年金）	1.公教人員保險（無年金） 2.公務人員退休金
給與機制	確定給付制	確定給付制
經費來源	1、法定年金保障儲金制：由雇主與受雇者各負擔50%之保費所組成之儲金支付年金。 2、公務員恩給年金：隨收隨付（政府全部編列預算；1999以後，已建恩給儲備金，其來源來自於薪資及恩給調幅的縮減，幅度約0.2％，最大降幅3％，用以因應自2014年起恩給支出之增加）。 3、自願性補充年金：基金制（由個人自費保險（以收入所得4％計算自費金額），政府以金額補助或減稅方式予以鼓勵）	1、公保： 儲金制（政府及公務人員按月提撥） 2、退休： 舊制：恩給制 新制：儲金制（政府及公務人員按月提撥）
退休 （起支） 年齡	1、標準65歲；提前63歲，則退休金須扣減；退休年齡已作漸進式有條件調整至67歲。 2、退休年齡按下列出生年區分如下： 1957年以前出生者65歲； 1958~1963年出生者66歲； 1964年以後出生者67歲； 自願者，在一定條件下，最高可工作至70歲。 3、實際喪失工作能力	1、公保： （1）依法退休或資遣 （2）55歲滿15年離職者 2、退休： （1）屆齡：65歲 （2）自願：60歲 月退起支年齡： 25年：60歲 30年：55歲 ※未滿上述年齡者擇領展期及減額月退休金 3、命令退休（殘障無工作能力）

項目	德國	臺灣
年資採計上限	滿40年可達最高所得替代率	1、公保： 最高採計35年，最高以給付42個月為限（一次性給付）。 2、退休： （1）新、舊年資合計35年 （2）純新制最高40年
退休金給付方式	按月給付	1、公保： 公務人員僅適用一次性給付；年金給付僅適用於私校、駐衛警察、公營事業無月退及優存人員。 2、退休： （1）一次退休金 （2）月退休金（每年2%） （3）1/2一次退休金及1/2月退休金
退休所得替代率	40年：71.75%	退休金（不含優存及公保給付）：新制35年：70%；新制40年：75% ＊兼具新、舊制年者，除退休金照新、舊制年資分別計算外，另加計優存後，所得替代率約介於75%~95%之間。
近年改革方向	1、縮減退休制度福利 2、延長退休年齡 3、以補貼措施，鼓勵個人自費保險	1、公保：推動年金化 2、退休： （1）延後退休金起支年齡 （2）縮減給付條件 （3）提高提撥費率 （4）朝確定提撥制改革

說明：本表參酌銓敘部退撫司提供資料並整理之。

註：本表中新制係1995年7月1日開始實施之制度。

德國公務員年金制度之借鏡

　　德國與臺灣之年金改革措施不盡相同，發展背景亦有差異。發展背景之差異，可由社會、財政、政治三方向來談述：

（一）社會環境

　　社會人口結構改變，老年化程度日益嚴重，造成財政負擔加重，為減輕財政負擔而尋求改制，此乃年金改革之重點壓力。兩國均有嚴重的人口老化情形。表6為德國2003年至2013年間60歲以上人口占總人口之比率，2003年60歲以上是24.7%，但是到了2013年以後占27.1%，比例逐年增加。社會上主要經濟來源之貢獻者逐年減少，領年金的人卻增加了。

表6、德國人口結構

年度	總人口數	60歲以下所占比率（%）	60歲以上所占比率（%）
2003	82,531,671	75.3	24.7
2004	82,500,849	75.1	24.9
2005	82,437,995	75.0	25.0
2006	82,314,906	75.0	25.0
2007	82,217,837	74.7	25.3
2008	82,002,356	74.4	25.6
2009	81,802,257	74.1	25.9
2010	81,751,602	73.7	26.3
2011	80,327,900	73.3	26.7

年度	總人口數	60歲以下 所占比率（%）	60歲以上 所占比率（%）
2012	80,523,746	73.0	27.0
2013	80,767,463	72.9	27.1

資料來源：德國聯邦統計局https：//www.destatis.de/EN/FactsFigures/SocietyState/
Population/CurrentPopulation/Tables_/lrbev01.html

　　表7為臺灣歷年人口結構，高齡者（60歲以上）比率逐年上升，2003年為12.8%，2013年升至17.4%，60歲以下比率則因則逐年降低。少子化與經濟壓力，使老年人口增加。

表7、臺灣人口結構

年度	總人口數	60歲以下 所占比率（%）	60歲以上 所占比率（%）
2003	22,604,550	87.2	12.8
2004	22,689,122	87.0	13.0
2005	22,770,383	86.9	13.1
2006	22,876,527	86.7	13.3
2007	22,958,360	86.4	13.6
2008	23,037,031	86.0	14.0
2009	23,119,772	85.5	14.5
2010	23,162,123	84.9	15.1
2011	23,224,912	84.1	15.9
2012	23,315,822	83.4	16.6
2013	23,373,517	82.6	17.4

資料來源：整理自內政部統計處-統計報告-內政統計年報-二、戶政-01.人口年齡分配
http：//sowf.moi.gov.tw/stat/year/list.htm

　　比較德國與臺灣老年人口比例，示於圖一，顯示德國之比例遠高於臺灣，以2013年而言，德國為27.1%，臺灣為17.4%，德國之老年化程度比臺灣更為嚴重，其年金改革壓力之迫切性自是甚高。若以趨勢而言，臺灣近年來該比率上升程度更快，若不及早改革，壓力上升速度恐會更快。

圖一、德國與臺灣60歲以上人口所占比率（%）比較圖

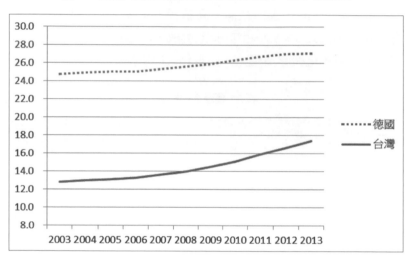

（二）財政環境

　　德國為聯邦制國家，各邦財政盈餘虧損情形不一，富有之邦之財政盈餘上繳，緊絀之邦向聯邦領取財政補助。例如：巴伐利亞邦為財政寬鬆之邦，繳交財政盈餘；首都所在地柏林邦為財政緊絀之邦，向聯邦政府領取補助。但因財政情形每年可能不同，因此財政分配情形亦將改變，影響所及則退撫制度亦會受影響。至於新制是否能永續經營，尚待觀察。較富有之巴伐利亞邦則認為，該邦在德國各邦中，財政相對寬裕，但至2025年之後，基金

能否永續經營乃是一議題，其他邦更需審慎面對此議題。

表8顯示，德國在2012年之前，除2008年有財政盈餘，其它年度皆為赤字，但是2013年、2014年均轉虧為盈。而臺灣近年來財政均為赤字，2006年至2014年間，臺灣財政赤字占GDP比率為2006年負0.3%、2009年負4.3%，2014年雖赤字比率較低，但也占了負0.9%。

由此顯示，德國雖曾面臨嚴重財政赤字問題，但近年來轉虧為盈，頗有改善。至於臺灣之財政赤字問題，一直未見解決良效。進一步檢視各國財政赤字最嚴重年度之數據，臺灣在2009年負4.3%（於金融海嘯期間）；德國在2011年負4.1%（於歐債危機期間）。換言之，國際經濟金融情勢都曾影響到各國財政情況。

表8、德國與臺灣財政餘絀佔GDP比率

單位：%

年度	德國	臺灣
2006	-3.3	-0.3
2007	-1.6	-0.3
2008	0.2	-0.9
2009	-0.1	-4.3
2010	-3.1	-3.2
2011	-4.1	-2.1
2012	-0.9	-2.4
2013	0.1	-1.4
2014	0.1	-0.9

資料來源：德國：TRADING ECONOMICS網站
http://www.tradingeconomics.com/germany/government-budget
臺灣：財政部財政統計資料庫-各級政府餘絀占GDP比率

在國際環境詭譎多端下須盡力減少財政負擔，為避免財政赤字問題惡化，臺灣年金制度改革必須加速推動。

（三）政治環境

德國國會各政黨雖有不同政策理念，透過辯論、公聽，凝聚共識後，經過國會議員投票表決確定立法修法內容。一旦法律定案，確實付諸執行。

臺灣公務人員退撫制度，則有待相關單位一步一步檢討，立法程序一階段一階段逐步執行。未來在年金改革方向上，可參酌德國制度之合宜性。檢視德國退撫年金制度，與臺灣有若干差異，其中若干措施可作參考，列示數端於下：

（1）至一定年齡方得領取年金

德國制度規定無論在原單位離職時年齡幾歲，均不得立即領取退休年金，必須俟達法定退休年齡方得領取，此可降低支付退休金之財政壓力。若未到法定退休年齡即領取年金者，則年金減額計之。

臺灣則是各單位退休年資規定不一，退休平均年齡不同，以2014年度而言，政務人員平均退休年齡為69歲；公務人員平均退休年齡為55.81歲；教育人員平均退休年齡為53.98歲；軍職人員平均退休年齡為43.43歲，軍職人員平均退休年齡最為年輕，其退撫基金之年金財務壓力最為沉重。以2016年言，規定公務人員65歲強制退休，月退休金起支年齡採85制；教職人員65歲強制退休，月退休金起支年齡採75制；軍職人員視官階採不同年齡與年資限制，服務年資滿15年後即可領月退。未來是否採德國之一定

年齡方得退休之模式，可予以研議。

（2）所得替代率上限

德國退休後所得與退休前所得相較之比率，有其上限，以不超過40年年資計算，上限不能超過71.75%。在上限規範下，退休後之所得不會優於工作期間所得，乃是合理制度，也降低各邦財政壓力。而臺灣之所得替代率比德國為高，以2016年言，在75%至95%之間，亟待檢討。

（3）可攜式年金概念之引入

德國近年推動退撫改革時，已開始引入可攜式年金之概念，即職場轉換過程中，每一階段之年金額度均予以保留，使其屆齡65歲可全部支領。此種措施，具有年金可攜性。而在臺灣，鑑於各老年保障制度相互差異難以相容，尚未能落實可攜式年金。

原於2013年考試院送至立法院之改革方案，包括現職、已退及新進人員等各項改革方案，具體措施包括：自新進人員實施全新的退休制度（兼採確定提撥制）、現職人員延後月退休金起支年齡至65歲（即90制）、調降退休所得（適用對包括已退人員；項目包含調整退休金計算基準、調降新制退休金基數內涵及優惠存款利率等）、調整退撫基金提撥費率及負擔比例、刪除年資補償金及調整月撫慰金機制等，未來是否如是改革，抑或採行不同的策略方案，則待各界進一步研議。

總而言之，德國自1889年建立社會福利制度建立以來，已有若干修改，尤其對於公務人員退撫年金制度方面，透過共識立法，已經往前推動，持續進行改革之路。反觀臺灣年金問題嚴

重,但改革步伐相對遲緩。衡酌公務人員退撫年金制度已呈現諸多缺失,改革勢在必行,德國之改革情形,可供參考。期能加速推動落實,健全年金制度,以求國家永續發展,降低後代負債壓力,營造安和樂利之社會。

(本文為《考試院104年度文官制度出國考察德國考察團考察報告》部分內容改寫而成,發表於《公務人員雙月刊》第224期,銓敘部,2016年3月)

年金改革的國際軌跡

　　世界先進國家歷經多年發展，為保障國民生活，陸續執行退休年金制度。由於各國之政策理念、財政情況、決策模式各有差異，在制度設計上有所不同。制度上路若干年之後，體驗原有制度之缺失，遂而進行改革。因此，進行年金改革，乃是各國常見之歷史軌跡。放眼各國的歷史路徑，在時間上並無相同節奏，而在方向上有類似走勢，作法上則有不同手段。

　　各國保障各階級群體之經濟與生活的制度，於世界銀行1994年所提出的三層次老年經濟保障模式中，統合了各國觀念，最基層為保障年金，意在保障所有國民基本生活保障；第二層為職業年金，隨著職場工作而有退休年金俸給；往上一層為自主年金，乃是商業保險，依個人需求自行投保。一般而言，最基層由政府提供保障，第二層常依各職業團體作不同機制設計，部分由政府承擔，第三層則是在金融保險機構之市場供需機制中自尋媒合。

　　不少國家年金制度運作之後，陸續出現財務收支困窘，人口結構老化，各級群眾福利不平狀況，遂而啟動改革，雖改革進度不一，唯改革方式大約可歸納成數個方向：多由恩給制轉向儲金制，由確定給付制轉向確定提撥制，延後退休給付年齡，降低給付水準，提高提撥額度等等，甚至將不同制度予以整併。實際上改革並不容易，其過渡階段常是混合並存的型態。

　　最早提出社會保障機制的德國俾斯麥，於1889年建立世上最早老年保障制度之後，歷經數度改革。透過法定年金保險，對社會各類人士提供年金與各項福利津貼。至於公務員、法官及軍事人員另由政府提供年金保險與意外傷害保險，原為恩給制。以近年來的改革形態而言，1999年建置恩給儲備金，後來提高退休起支年齡，對提前退休者須扣減退休金。

　　日本1995年改革，將國民年金、厚生年金、共濟年金予以統合。2004年的年金改革，以法律明定保險費率與上限，考慮了工作世代人口減少與平均壽命延長事實，採行年金金額提高比率比薪資或物價漲幅更保守的計算機制。2012年通過受雇者一元化法，規劃於一定期限內將公教人員適用的共濟年金併入一般勞動者適用之厚生年金。

　　韓國公務員年金遭受抨擊，啟動改革，2009年公務員年金制度改革之後，維持公務員獨立建制，未與國民年金合併，而年金給付等條件儘量與國民年金趨近，只適用新進人員，無甚影響舊制人員。但民眾認為既得利益者未受影響，依然批評之，並不認為其改革具成功實績。

　　美國實施年金制度多年，亦作了若干改革。以美國加州而言，2013年1月實施年金改革法案，最高退休年齡由62歲延至67歲，減少退休金給付水準，對提前與延後退休者之給與比例不同，退休金提撥率不得低於正常成本費率之50%，舊制之提撥有上限而新制無上限。

　　新加坡年金制度與大多國家不同，從建制之初即具遠見，1955年7月公布公積金條例，原採用公務人員退休金與民間企業人員公積金兩種制度並行，後來於1977年將兩種制度合併，成為

單一的公積金制度，公務人員與勞工都必須加入新加坡公積金制度，採確定提撥基金管理模式。其他國家總是面臨公職人員與民間部門的年金制度難以整合之難題，新加坡則在制度設計上早已安好了互容的根基。

　　總而言之，觀乎各國年金制度軌跡，紛紛進行年金改革，細節之處難以道盡，方向上有其相似之處，唯處理方式上有所差異，各國奠立機制與行政程序有別。在財政壓力下，必須設法增加收入並降低支出，即提高提撥水準而延後支領退休年金。在公平性考慮下，必須在不同族群間尋求平衡，即削砍偏高優惠而不合時宜之制度。至於改革過程所須面臨的溝通與折衝，必是難免，各國都有艱辛的歷程。若希望營造共存共榮的願景，不想淪為哀鴻遍野的廝殺戰場，便需先仔細考量社會成本與政治情境，作好制度設計的基礎功課，思索最適的推動策略。

（工商時報，2016年7月1日）

美國退休帳戶之可攜性
與租稅優惠

　　台灣年金制度錯綜複雜，各群體各有立場，對於如何改革自有解讀，對實質改革內容迄無共識。觀乎幅員遼闊的美國，以50州偌大的聯邦國家，各地差異更大，獲取共識更為不易。其年金制度如何運作，值得瞭解。

　　美國從聯邦、州、到地方政府，不同政治層級，有不同權責。美國《合眾國憲法》不僅確定了聯邦政府的結構和權責，而且也對州政府有基本規定。同時50州各有獨立完整的政權，各有州憲法，州之下有各級地方政府。從中央至地方的各層政府，分層決定公共事務。在此政體結構下，針對年金制度，各級政府各有決定權限，亦可跨區相互參照。於是乎，各區各群體依其需求，設計制定不同的年金機制，發展出多元的年金體系，也在多元機制中看到若干共同特色。

　　建立個人退休帳戶，並把租稅納入美國年金制度之激勵措施，為一大重點。美國透過租稅延後繳納來鼓勵儲蓄，相關規定訂在國稅法第401（k）條中，故簡稱為401（k）計劃。由勞工僱主申請設立401（k）退休金帳戶後，雇員每月提撥薪資某一比例至該帳戶，提撥額度可自行決定。當勞工離職時可以選擇將其中金額撥往某金融機構的個人退休金帳戶（Individual Retirement

Account, 簡稱IRA）或是新公司的401（k）帳戶。該提撥金可以從雇員的當年申報應繳稅收入中作為扣除額，不計入當年應繳稅所得，等到退休提領時再納入應繳稅所得予以課稅。

美國的退休計劃有許多類，401（k）原只應用於私人公司的僱員，遂而影響了公務員、大學職員之制度，其在修改退休年金制度時，也在相關條例加入了個人帳戶與租稅優惠作法。例如：美國聯邦政府在1987年7月建立的FERS（Federal Employees Retirement System），適用新進人員退休制度，除了確定給付的基本福利計畫（Basic Benefit Plan）之外，同時推出TSP（Thrift Savings Plan），乃屬於401k延稅型退休儲蓄計劃。此外，各州之政府員工可適用457計劃，教師可適用403（b）計劃，均是提供租稅優惠以鼓勵累積退休基金，加州即採取此制度。有些州制度容許個人同時擁有401（k）、403（b）、457三種帳戶。

由於個人帳戶的建立，每個人所提撥金額明確，故而奠下可攜式年金制度（portable pension system）之基礎，個人移轉職場之後，保留原儲蓄或移轉至新公司401k帳戶或個人帳戶，無損個人名下可領取額，其個人帳戶依然存在，伺其退休時領取。個人對於其帳戶儲金得以運用，可自行選擇投資組合，透過基金操作以獲取收益。

401（k）計劃建立於1981年，提撥時不扣稅，而退休領取時扣稅。2006年起美國開始施行羅斯（Roth）401k，有別於傳統401k，讓民眾多了一項選擇，提撥時扣稅，而退休領取時不扣稅。於是乎，每個人可自行評判其工作時與退休時的邊際稅率之調高或調低之可能性，進行最適合自己的計劃，亦可同時擁有傳統401K與羅斯401k兩帳戶，彈性運用。

　　美國年金制度除了上述措施外，各州各級政府尚有不同調整內容，包括請領條件、計算額度差異，此外另有確定給付性質之福利計畫，不一而足。大致而言，美國並非制定一套全國通用制度，而是留予各州若干決策職權，以及參與者各人選擇空間。自行選擇的結果則是決策選擇者亦需自行承擔後果，吸收盈虧。

　　台灣對退休金有一套具有租稅優惠的課稅方式；至於類似401k的處理方式，我國勞退新制即具相近精神，然而不似美國運用至不同職業別而有多套多元計畫。我國在進行年金問題辯證時，若將租稅措施一併討論，並研擬個人可攜式帳戶制之可行性，將可增加政策研判周全性，但也可能增加問題的複雜性。如果擬在一年短期內結束改革動作，顯然難以全盤考量；如果作為前瞻長期思量而分階段推動，則可拓展視野以納入參考，包括美國與其他國家經驗，擷長補短規劃長期藍圖。

（工商時報，2016年10月7日）

美德年金之長期借鏡

德意志帝國第一任首相俾斯麥，1871年建國；為穩定社會，1889年設置了世界第一個社會保險制度。美國羅斯福總統1933年就職，正值美國經濟癱瘓，多數銀行倒閉，失業者無助流落街頭；1935年國會通過「社會安全法」，乃首度立法執行社福的國家。至今，美國已經逾八十年，德國更逾百年。其社福制度依舊執行，包括年金制度。細究其制度未必完美無缺，畢竟多年歷練，規模龐大，其思維具有可借鏡參酌之處。吾人可思考其優勢與弱勢，即使短期無法納入，可在長期思量時，評估其思維對台灣是否適合。

美國與德國多年來退休年金體制，作了不少修改，在修改過程中容許多元與彈性之存在，有助於制度免落癱瘓。美國公務員退休制度不只一套設計，包括確定給付與確定提撥等模式，中央聯邦政府如此，地方上例如加州、洛杉磯郡、舊金山市亦然。至於德國，除了對公務員提供保障之外，亦具有不同職業之經濟保障制度，包括礦工、鐵路、海員，以及文藝自營工作者。台灣除了勞退新制採確定提撥制外，餘者皆採確定給付制，且軍、公、教原即綁在一起共同操作。未來改革構想除了已宣告軍制將另行規劃外，是否將朝確定提撥改制，尚未明確。

美國與德國均為聯邦國家，中央政府與各州政府各有立法

範疇。各州財政與經濟情勢不同，制度相互比較，也相互競逐，有利之處相互效尤，不利之處相互警惕，或相互合作。以台灣而言，不分中央或地方，只要是同一職業，全國公務員適用同一制度，全國勞工也同制。由於台灣之幅員遠不如美國與德國遼闊，政治體制差異，難以考量分區自行制定年金制度。就長期而言，未來是否可考慮部分內容納入地方自行規劃之可行性，須相當討論。

可攜式退休帳戶乃美國年金制度一大特色，德國也開始著手納入此制。雇主為每位員工建立個人帳戶，員工在工作期間撥入儲金，在不同職場轉業時可繼續累積儲金，直到退休之日提取。然而此制之執行宜在建置之初即先架構完成，台灣尚無此制，若要採行則需費神思考過渡接軌措施。

設置基金進行投資，乃期盼透過嫻熟的理財高手進行操作，獲取高額收益。而基金之收益高低與運作機制，乃是台灣與他國一大差異，尤其美國數據引人注目。根據美國加州退休基金與舊金山退休基金所提供資料，其支付給退休人員的給付中來自投資收益溢注部分高於50%，甚至有時可高至75%。眼見這麼高的比例，令人欣羨，不免回頭責成我國退撫基金效尤。

美國退撫基金與台灣機制之異，在於美國具備相當彈性。美國固然其為公家單位，員工具公務員身分，然其薪資獎金可隨報酬率高低而調整，激勵工作意願，有效掌握多變金融經濟情勢，密切監視委託操作。而且其提撥率得以每年視情況調整，投保者亦可根據自身財務需求及風險承擔能力選擇投資組合（須自行吸納風險）。台灣之公共基金制度欠缺諸多彈性，公務員薪資固定，人員晉用制度與機構運作受框，提撥率未能每年調整，無法

改變財務惡化之趨勢。因此，若欲大幅提高基金績效並改善財務缺口，制度彈性之提昇有其必要。

值得一提的，給予基金運作彈性即是容許較大風險，承受較大的波動盈虧。加州公務員退休基金為美國最大退休基金，1984-2004平均報酬率高達11.37%，2008年金融海嘯血落為負28%，2016年會計年度報酬率僅達0.61%，連續兩年未達標。這樣的波動，恐怕不是台灣所能接受的。承受風險須有配套措施，逐年檢討改進財務，每年精算，重訂提撥率與給付條件，方能免於破產。在德國，也融入隨收隨付制，每年維持財政健全，不至於眼睜睜看著財務缺口加大而無所適從。可見各制利弊互見，並無完美措施，何制較適我國，須匯集眾智。

任何制度的設計，宜留下調整的空間，讓年復一年的運轉流程中，得以呼吸喘息，避免囿限僵化。年金改革啟動不易，既然啟動世代改革，宜作長遠規劃，即使目前無法到位，亦可釐定方向後，在彈性機制下逐步邁進。我國之年金改革除了在現制下短期修整，至今尚未見長期方向之定奪，未來隨著時空改變，恐又要喧鬧劇痛，社會崩裂。為作長期謀算，他國經驗中的多元思維、過渡接軌與彈性機制，不妨予以考量。

（工商時報，2017年1月6日）

貳、人力供需

- 人才SMART策略
- 校門外的徬徨——談人才供需
- 跨入公門前後
- 公務人力供需
- 金融人力甄試制度
- 經濟脈動下文官體制之不息挑戰

人才「SMART」策略

人力資源充沛與否，乃是一國提升競爭力之重要關鍵，無論是人才的質或量，知識技能之廣度與深度，都需不斷加強。筆者曾針對金融人才提出「SMART」策略，針對如何加強金融人才提出五個角度之思考。鑑於人才不限金融人才，尚包括各領域之專業人才，也包括學界、業界以及政府所需之人才，各界需求人才孔急。本文將原金融人才SMART架構進一步拓展並修改，以供各式人才晉用培育之參考。

本文所提「人才SMART策略」，包括五個範疇：延攬菁英（Search of elite）、吸引人才（Mobility of elite）、機制整合（Alliance of organizations）、評鑑管理（Reevaluation and management）與培訓發展（Training and development）五英文字第一個字母組合而成。

S策略（Search of elite）：延攬菁英。擇取人才，乃是吸引人才之重點工作。民間部門的人才，由民間自行決定如何篩選，一般求職有人力銀行作為中介，高階優秀人才有所謂獵人頭公司協尋。公務部門的人才，為國舉才，另須要有一套適切的機制。

自古以來，政府之舉才機制不一，歷史上的舉才制度經過若干變革。秦朝以前，選士採用世襲制度，限縮了人才來源。漢朝採用察舉制，由各級地方推舉人才。魏晉時期採九品中正制，

由中央特定官員舉才。隋唐發展出科舉制度，宋代進一步改良科舉制度，減少考官及士子聯黨結派，並放寬應考者條件，不論財富、聲望、年齡均可應考。此制度在明、清二朝亦沿襲之並更為縝密，直至清光緒因諸多弊端而停辦。由歷代科舉制度之數度改革，便可知各時代對於舉才之重視，不斷修正革新。如果能有適切制度，讓德才兼備的人才進入公務部門，無論高層主管的決策，或基層人員的執行，均影響民眾權益甚鉅，因此舉才制度頗為重要。

M策略（Mobility of elite）：吸引跨境人才，讓優秀人才能夠在本地服務。這包括不同層次之解讀，一方面將國外人才吸引至國內，這恐涉及軟硬體環境之良窳與否，能否吸引國外人才來台進駐。另方面，也應讓國內人才願意留在國內，貢獻社稷。然而，近年來由於新加坡、香港的高薪吸引人才，甚至中國大陸亦以優渥待遇自台挖角，國內不少人才離台流失。這樣的問題日益嚴重，必須面對。再以公務部門而言，由於公務部門之薪資制度僵化，升遷不易，限制不少，在人才收納上喪失不少優勢。未來如何引進優秀人才加入公務部門，值得細細思索。

A策略（Alliance of organizations）：各組織之資源有效整合運用。社會資源有限，分散於不同單位，必須有效運用，包括經費、人力，乃至於設備等。將資源有效整合可有多種方式，例如將不同的機構整併是一種考量，或在現有機構下相互合作來進行策略聯盟，乃是一種較為彈性簡易的考量。假設學校、社區、家庭，各單位之間若能有效結合，在人才養成上可以事半功倍。

R策略（Reevaluation and management）：人才再評估與人才管理。引進人才之後，是否適宜擔任某項職務，往往需要一般

時間來觀察，這便需要進一步去評估。一個不負責的人不宜擔任公職，一個反應遲緩的人不宜在充滿創意挑戰的職場上。每個人的工作績效有時需數度評鑑後方能將其擺在適當職位，使其充分發揮潛力。對於人才如何有效管理，包括薪資制度、福利制度、升遷考核制度等等，都應妥適設計規劃。

T策略（**Training and development**）：人才培訓與發展。引進人才之後，在職場上予以繼續培訓，發展人力資源，改進人才素質，以符合公司前瞻性需求。培訓的內容，從國內基層工作到海外開拓據點任務，都可在進修之間追求下一步的大躍進。培訓工作可以從校園便開始紮根，建教合作即是其中一環。

人才策略乃是一草一木紮根的工作，枝枝葉葉蔭成林。社會資源有限，而人力資源則是無限，可以不斷增長。人才頗為關鍵，而探尋人才、管理人才、培育人才的機制，更為關鍵。為打造一個更為Smart之社會，每個單位都可以發展出自己最適切的人才SMART策略。

（《考選通訊》第55期，考選部，2015年7月）

校門外的徬徨
——談人才供需

　　杜鵑花季後，驪歌將唱，畢業生戴起方帽，在校園裏處處留影；接下來，走出校門，在人海波濤中，尋找立足之地。原在校園內，擁有師長的諄諄教誨，同學的相互扶持，朗朗書聲中，挖掘書中思路，猶如掏到無窮寶藏，沈浸溫情之懷。一旦取得文憑，風光踏出校門，迎面而來的不再是和風，不再是暖流，或許是炎熱的艷陽，抑或冷峻的寒露。放眼望去，處處有路，也處處障礙。這個社會並未為每一個畢業生量身打造職場，人力的供給與需求，各有場域，各有路線，卻未必能夠交集。年輕學子走出校門，找不到供需的交會處，在十字路口，腳步徬徨、躊躇。

方帽不保證有座

　　青年學子戴起方帽之前，須花費多年時光，充電研修。當初考上大學，親友登門恭賀不絕於途，村里長老撫鬚讚許，左鄰右舍注目欣羨。大學殿堂裏，數年汲取知識，取得學士、碩士、博士之後，戴起方帽，跨出校門。這時候，幸運者獲得機會發揮，但也有不少人愣住了，徘徊街頭，佇立燈下，不知何去何從。

　　以博士而言，理想工作之一是站上大專院校的課堂，傳授青年學子，傳輸先進知識。然而，不少學校的教職缺額有限，未能完全容納所有博士人席，此情形近年日益嚴重。這些青年懷著滿腔的熱忱，卻見摒於各校門外，心中不勝唏噓。數年的高等教育，個人投入學習時間，國家投入教育資源，惜而未能順利進入社會職場，擔任傳承機制。

18年前已定的廢校命運

　　大專院校的教職缺額日益不足，難道是學校家數大幅縮減？其實，歷年來大專院校家數持續增加。圖一中，歷年來大專院校家數曲線逐年上升，高等教育一直加重。如此發展，則其教職員額理應增加，但是，事實上職缺有限。原因甚多，其中一環，乃是因為少子化現象，學校新生報到人數不足，甚至有些學校面臨

圖一、歷史出生人口數與大專院校數

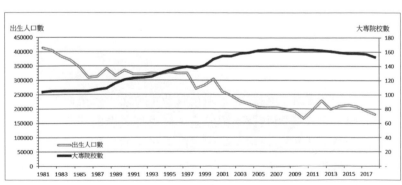

資料來源：1.歷年新生人口數：內政部統計處；
　　　　　2.歷年大專院校數：教育統計查詢網

整併關門危機。

歷年來新生兒人數，早已逐年減少。這群新生兒18年後長高長胖，申請進入大專院校人數自也下滑。由每年新生兒人數，可推測18年後大專院校之新生報到人數必然蛻減。觀察圖一兩曲線反向而行，可見廣設院校之際，並未先行預想潛在學生，無視其人數降低趨勢。而今，某些學校擔憂門可羅雀，不得已以破記錄低分收受新生，教育水準低落，甚至開始思考解散途徑。

觀察大專院校之結構，過往數十年來，專科學校先轉型為獨立學院，獨立學院陸續轉為大學。如圖二所示，1996年以前，專科學校尚多於大學與獨立學院之加總，1997以後反轉了，專科學校家數相對較少。接著，獨立學院逐年轉為大學，大學家數至2017年高達129。如此大幅度改變教育政策，將多元教育轉型為大學主軸的教育方式，是否適合每位學生，是否能在市場上有效發揮人力，是個值得檢討的課題。

上述現象在日本亦如出一轍，少子化問題長期困擾日本，其學校家數依然增加，後來也走到必須減校廢校之情境。以1992年而言，日本有523所大學，2012年增至783所後，方開始意識問題嚴重，裁減校數，然而日本原本校數已高，難以立即大砍大破。

如果教育制度具備前瞻觀念，將院校家數規畫納入潛在學生人數推估，便可降低今日校門空盪、學子無路之窘境。苦嘆若干學校開始整併，甚而廢校困擾，方檢討昔日未謹慎評估18年後可以吸納的學生人數，遲矣。而在徒呼負負中，仍要整頓下去。

圖二、大專院校之校數結構變化

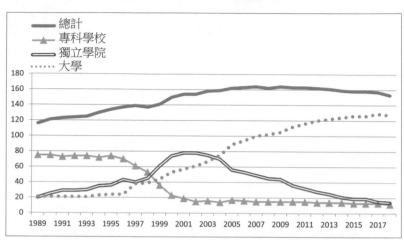

資料來源：教育統計查詢網

乏人問津的辦公桌

　　人求事，事求人。不少工作尋找職員，苦等無人。空盪的辦公桌可能出現在各行各業，也可能出現在政府機關內。以公務員而言，每年各政府單位開出職缺，由肩負為國公平舉才重責的考試院考選部公開考試，年年舉辦高考、普考、特考等國考。學子尋求職位，國家舉才若渴，然而，某些類科則常有錄取不足額情形，或許是該類人員之專業程度要求頗高，民間與政府部門之待遇福利差距不少，工作內容複雜，承受壓力不低，以及學校培育人數有限等等因素均有關係。

　　民間部門亦然，員工要求加薪，老闆捉襟見肘，相處不合，供需破局。尤其隨著經濟成長而平均所得提高，父母收入豐足的家庭可供兒女生活所需，那麼子女碰到工作不合志趣，容易棄職

換崗。老闆慨嘆員工流動率高，員工抱怨薪資與工作未臻理想，勞資雙方均不滿意。即使政府介入協調，往往未能解決問題，有時反而增加磨擦。

當世界不再捧場制式教育

　　每年就業市場釋放出求才訊息，內容並非年年不變。全球化的年代，跨國航線日益方便，資訊視訊隨時可達，企業積極拓展貿易，投資跨國據點，且尖端技術日日飛騰，市場商機不斷翻新，因此傳統思維已不足以應付市場所需。以語言而言，英語、日語、西班牙語、德語、法語等語言人才已經不少，但要開發新市場未必足夠。到了東南亞，只靠英語無法打入基層，雖然比手畫腳聊以相助，畢竟降低溝通程度。在中東杜拜，高聳的大樓飯店內，富麗堂皇的飯桌上討論生意，懂阿拉伯語者可以深入文化，降低隔閡。想擁有語言優勢，是需要相當訓練的，必須數年實務練習，否則難以上陣。對於稀有語言的訓練，並非一般學校教育均提供機會，須及早思考對策。

　　跨領域人才的需求，成為今日顯學。當前金融業新潮的金融科技（Fintech），結合金融與科技之不同專業；政府國土規劃需要測量、景觀、都市計畫等等專業之投入；文化創意產業需文藝、企管、金融、法律等範疇。處處多元化的社會，若教育執著過往的塗鴉狹義內容，格於成例，不易找到立足點。然而，教育實無法為千萬種職業量身打造學程，因此，宜培養出學以致用的才能，加上創意的激發，讓學生在萬般波動的人海中，能夠游於波，戲於浪，浮於舟，駕於舵，馳向理想的園地。

核心競爭力：供給自創需求

　　若能融會貫通，擁有專業技能，跨域思考，充實核心競爭力，具備堅強毅力與應變彈性，則有大幅機會在爭戰職場中克服危難，甚至打出響亮名號。透過學校教育、家庭教育、社會教育，耳濡目染、踏實研讀、研判情勢，瞭解自己的優勢，打造自己的特色，充實核心競爭力。

　　堅持理想，踏實耕耘，即使不是社會慣性所規劃的路線，亦可創造奇譚。若干所學所用不盡相符的成功案例，亮眼活躍，如：電子研究所畢業，有可能轉為世界咖啡冠軍達人；心理系畢業，有可能轉為頂尖管弦樂團總監；化學系畢業，有可能取得指揮博士。再以世界咖啡冠軍達人為例，具備實力即吸引了商機湧現，品嘗咖啡者絡繹不絕，換言之，具有特色的供給，自然吸引需求前來。這些例子，雖與學校制式教育脫勾，其實也是在長成過程中，認識並堅定自己的方向，培養了追求巔峰的心志與能力。

　　即使求職吃了閉門羹，低迴懷才不遇之餘，退而求其次，仍需重新振奮精神，尋找通路。走出書齋，扛磚搬瓦，咬牙上工；或踏入不同領域，賣起拿手餐點或精心設計，尋找創意商機。職業無貴賤，任何人都可以嘗試之，不再停滯於慨嘆光陰虛度之中，致力尋找生路與商機，發揮自己能力，是珍惜人生的必要選擇。

人力供需問題須跨單位共思

在人力供給與需求的中介功能上，涉及教育、考試、訓練、聘用等等環節，必須相互扣合。以公務人員進用而言，人力經過教育之後，須經過國家考試程序，方能進入公務部門服務。某些專門職業及技術人員，完成專業學程，亦須經過國家考試方能取得執業證書。國考機構扮演公務人力之供需中介機制，其公信力、獨立性、客觀性的維持，不得任意鬆懈破壞。另關於社會上各行各業的人力供需問題，涉及多層角度，有賴全方位對策。至於教育機制，乃長期志業，更須經年累月，思之慮之。

教育端、訓練端、考試端、用人端，種種環節，有賴眾端共坐協商，慮周藻密，規劃可長可久方向，讓人力供給與需求得以相互交集，發揮競爭力。《管子‧權修》：「一年之計，莫如樹穀；十年之計，莫如樹木；終身之計，莫如樹人。」國以人為本，慎矣！

（《臺大校友雙月刊》第123期，國立臺灣大學，2019年5月）

跨入公門前後

「十年寒窗無人問，一舉成名天下知」~元代‧高明

　　元代高明《琵琶記‧蔡公逼試》中的這段名句，道盡天下學子孜孜矻矻，寒窗苦讀，離鄉背井，赴京趕考的心境。如果能在國家考試中金榜題名，一來薪糧無虞，二來光耀門楣。這段路走來異常艱辛，競逐激烈。民國之後，國家考試舉辦以來，考試科目與錄取人數與用人單位需求攸關，近年來高普考錄取率只約5%~10%，考試紅榜一貼，列名榜單者必是闔家歡樂。

　　應考人在決定參與國家考試，踏入公門之前，須先認知工作性質，研判自己是否適合在公務部門任職。進入公門之前後，確有相當差別。在立場上，未入公門之前乃是一般民眾，可站在一己立場為己發聲謀利。一旦進入公門，擁有公權，執行公務，必須扛負任務，承擔使命，在心態上應有認知與準備。

　　「我沒有別的東西奉獻，唯有辛勞、淚水和血汗。」~英國首相邱吉爾

　　2016年7月高普考，正逢尼伯特颱風肆虐，十七級強風大掃台東，作為試區的教室嚴重損毀。為了不影響國家大考，考選部、台東縣府、軍警消人員等，先把個人私務放下，全力重整考場，讓考生得以正常應試。這樣的任事精神，正是人所稱許之公

務員態度。

為了公務出生入死，枵腹從公，大有人在。警界人士為維護民眾安全，打擊犯罪，照拂鄉里，常須干冒個人安危，義無反顧，流汗流血全力衝刺完成使命，以服務群眾為其志業。

> 「當你服務他人的時候，人生不再是毫無意義的。」~心理學家·葛登納

美國哈佛大學著名心理學者葛登納（Gardner），從心理學角度闡述服務在人生價值的重要性。進入政府部門，心銜使命，執行所託，這是人生一份高超的價值與成就感。

至於民間工商任職所追求的高薪暴利，乃是進入公部門个官追逐的價值觀。公務員的薪資穩定，不隨經濟環境大幅改變。當景氣看漲時期，民間商機滾滾，荷包飽飽；而在公務部門，限制參與商業行為，只要端正守法者，並無暴利可得。位處公門，人生價值可在公務服務中得到彰顯，而非單以金銀財富之累積為計。

> 「夜把花悄悄地開放了，卻讓白日去領受謝詞。」~印度·泰戈爾

1913年諾貝爾文學獎得主泰戈爾，把諾貝爾獎金捐出，呼籲和平，他的詩集充滿了哲學理念，予人啟示。暗夜的靈魂，透過泰戈爾的詩句得到歌頌，不因世俗漠然而停止腳步，不因艷陽下的吵雜交錯而放棄耕耘。

公務員鎮日工作，在勠力完成艱鉅工作後，常未能獲得讚賞

掌聲，甚至被譴責，被批判，被污名化，這是當前公務員常要面對的苦楚情境。然而，公務工作之價值乃是無庸置疑的。若能認清自己使命所在，堅定理念，喜悅向前，則能量更是源源而至，發光發熱。

「人在公門好修行。」~明代‧袁了凡

明朝袁了凡（1533-1606）寫給兒子的家訓《了凡四訓》，提及位居公門者，具有造福家國之機會。只要完成有益公眾之事務，即是累積公德，匯聚善緣。公務員即是公僕，服務民眾。處理眾人之事，不得循私，不得偏頗，甚至公而忘私，這是個修身養性的職所，也是為善助人的場域。

「一個人的真正價值首先決定於他在什麼程度上和什麼意義上從自我解放出來。」~愛因斯坦

創立相對論的愛因斯坦，頗重視思想對個人行為的引導性。認識公門屬性，調整自己價值觀，研判生涯規劃。這份人生功課，自己須去探討。因此，每一位應考人，除了字斟句酌地琢磨考題爭取高分之外，更宜檢視心思，綜觀視野的高度，心胸的寬度，思想的深度。若有機會進入公門，志業在此展開，生涯在此刻畫，價值在此烙印。

（《考選通訊》第69期，考選部，2016年9月）

公務人力供需

　　公務人員是國家重要人力，與社會整體人力市場發展有關，透過人力市場供給與需求面之有效結合，延攬優秀人才進入公務部門。多年以來，政府已延攬不少人才進入公務部門，然尚有若干問題值得思索，力求精進改善。

　　觀察歷年來高考與普考之報考人數，常有波動，而兩項考試的報名人數走勢甚為接近，以普考報考人數成長率而言，2009年高達33.54%，接著快速下跌，到2010年降到4.28%，2012年又增加到21.59%，接著下跌至2014年的 24.47%。換言之，高考人數增加（減少）時，普考人數亦將增加（減少），均受若干因素影響，本分別從供給面與需求面來檢視之。

（一）供給面

1. 人口因素

　　人口多寡與每年參加高普考人數密切相關。台灣少子化現象使參加公務人員考試的人數有降低趨勢，歷年來出生人口數減少，已是長期趨勢，1981年約41萬人，1991年約32萬人，至2019年為已降至約17萬人。多年來之少子化現象，使得出生人口數影響到22年後大學畢業生人數，進而影響報考國考人數。

2. 經濟因素

　　經濟景氣好壞，往往影響公務人員報考人數，一般而言，當經濟成長率高時，在民間部門求職之機會較多，薪資報酬也較高，則報考高普考的人數會降低。反之當經濟不景氣時，私部門工作較無保障，則較有保障與薪資穩定的公部門轉為搶手。

　　觀察高普考報考人數與22年前出生人口數、經濟成長率之趨勢，示如圖一。2009年正好是金融海嘯次年，經濟成長率是負成長，為-1.61%，也是報考人數衝高的年度。2011年報考人數成長率降到4.28%，22年前出生人口成長率也是降到-7.82%，接著在

表一、高普考、經濟成長率、回推出生人口成長率

| 年度 | 高普考 | | | | 經濟 | 人口 | |
	普考報考人數（人）	普考報考人數成長率（%）	高考報考人數（人）	高考報考人數成長率（%）	當年經濟成長率（%）	回推22年前出生人口數（人）	回推22年前出生人口成長率（%）
2008	49,827	16.87	43428	9.07	0.80	309230	-10.68
2009	66,540	33.54	59632	37.31	-1.61	314024	1.55
2010	70,014	5.22	66596	11.68	10.25	342031	8.92
2011	73,014	4.28	65572	-1.54	3.67	315299	-7.82
2012	88,777	21.59	72330	10.31	2.22	335618	6.44
2013	80,577	-9.24	69703	-3.63	2.48	321932	-4.08
2014	60,863	-24.47	61907	-11.18	4.72	321632	-0.09
2015	55,755	-8.39	56136	-9.32	1.47	325613	1.24
2016	47,500	-14.81	50928	-9.28	2.17	322938	-0.82
2017	46,136	-2.87	48063	-5.63	3.31	329581	2.06
2018	41,177	-10.75	45325	-5.70	2.75	325545	-1.22
2019	42,816	3.98	45042	-0.62	2.71	326002	0.14

資料來源：考試院考選部、中華民國內政部戶政司全球資訊網、中華民國統計資料網

2012年報考人數增加到21.59%，22年前人口成長率增加到6.44%。再看2014年，普考人數變動率為-24.47%，而當年經濟成長率比歷年來稍高，為4.72%。由此可見，高普考報考人數增加原因，與22年前人口出生率高低有正向關係，與經濟成長率有負向關係。

3. 教育面因素

雖然少子化是長期現象，各級學校並未因之調整。大專院校於1989年為116校，接著逐年增加，2007年增至164校，方停止增加，逐漸整併。如果在廣設大專院校之際，能根據已往數年新生人口數推估未來數年入學人數，便可減少目前某些學校面臨關閉，影響教育品質之情事。前瞻性思考是教育制度必須思考之角

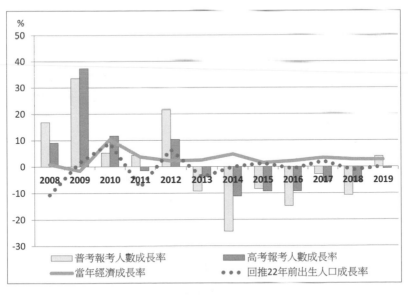

圖一、高普考、經濟成長率、回推出生人口成長率

資料來源：考試院考選部、中華民國內政部戶政司全球資訊網、中華民國統計資料網

度。廣義教育包括學校教育、家庭教育、社會教育等。教育品質
提升，打造優質人力市場，則經過考選機制遴選的公務人力，也
更能承擔國家施政之重要職責。

4. 公職之社會觀感

　　社會上對於公職工作的看法亦會影響家長及個人之報考意
願，且在年金改革過程及調整退休制度之後，對於報考意願或有
若干影響，值得檢討，宜力圖提振公務員之士氣。此外，公務人
員與民間工作之薪資福利待遇差距，亦為影響因素之一。

（二）需求面

　　政府各單位因應工作需要，每年提出職缺需求，職缺會受到
數項因素影響：

(1) 離職及流動人數：公務員離職及流動與銓敘、退休、升
　　遷等制度有關。福利提高，升遷順利，則有助於降低離
　　職率。

(2) 公務人力結構變化：公務人員之年齡、年資、性別、學
　　歷，歷年來屢有變動。結構改變，則公務人力競爭力亦
　　是有別，公務部門的人力需求態樣也受影響。

(3) 政府組織再造與總員額法之規定：政府組織調整，隨之
　　影響人力配置。在組織再造過程中，各政府單位實際用
　　人員額亦有調整。參考國際經驗：各國公教人員占總人
　　口及就業人口比例並不相同，近年來資料顯示，以法國
　　之比例最高，英國其次，我國與新加坡相近，比例皆相

對較低。至於該比例應多少方為恰切，與各國政府架構及國情文化有關，值得探討。

(4) 社會多元化與全球化：隨著社會多元化發展，分工精細之單一專才已不符所求，必須結合不同專長合作，對於跨域人才之需求增加。

（三）供需機制面

公務人力供給與需求機制，涉及跨部會合作，乃至於跨院際協商，必須有效結合。教、考、訓、用，四個環節，有賴相互串連，方能全面提升公務人力效能。政府相關部門，包括考試院及所轄部會的考選機制、銓敘制度、培訓功能，與行政院所轄的教育部，以及政府各機關用人單位，如何在公務人力重要議題上，共同協商，一方面維持文官考銓制度之公正。公平與公信力，一方面提升公務人力效能，均值得深度思考共同研議。

（本文完成於2020年3月）

金融人力甄試機制

隨著金融快速發展，政府部門與金融機構均需金融人力。政府需要金融監理人力以及經濟財稅行政人力，金融機構需要嫻熟從業人員。金融人力是否具備必要智能，有待甄試機制予以認定。

本文先介紹國家考試機構所執行之金融相關考試，包括公務人員考試、專門職業及技術人員考試兩大類。次則提及金融培訓機構所舉辦之重要證照考試，最後述及人才養成機制重要性。

金融人力需求與考試機構

金融業具有高度專業，無論是政府部門或金融機構，公營機構或民營機構，均需金融專業人力。金融機構所需人力，不同機構及不同業務各有所求。金融機構包括銀行業、證券業、期貨業、投信投顧業、壽險業、產險業、保險經紀人及保險代理人等，均須專業人力投入，而各上市上櫃公司須仰賴會計師簽證。以業務而言，配合金融交易持續進行，金融業務不斷創新，以及金融市場風險控管之必要性，需針對各種業務所需甄選適切人員。

以2019年而言，執行金融人員考試之機構，分成兩大類，一為國家考試機構，另一為金融主管機關所轄之金融培訓機構。國家考試機構即考試院下設之考選部，主考各種國家所需人才，包括重要金融人才；金融主管機關（金管會）所轄之金融培訓機構，即台灣金融研訓院、證券暨期貨發展基金會、保險業務發展中心，分別舉辦銀行業、證券期貨業、保險業人員之証照考試。此外，各金融機構亦常依其需要，舉辦適合其業務之金融人員考試。

公務人員經濟金融相關考試

考試院下設考選部，負責執行國家考試。國家考試種類主要分成「公務人員考試」及「專門職業及技術人員考試」，本文將各類考試中包含經濟金融相關類科考試抽取整理出來，示於圖一。公務人員考試又分成高等考試（一至三級）、普通考試、初等考試、特種考試（身心障礙人員考試、原住民考試、國家安全局國家安全情報人員考試、法務部調查局調查人員考試、外交領事人員及外交行政人員考試、國際經濟商務人員考試、關務人員考試、稅務人員考試、交通事業人員考試、地方政府公務人員考試及國軍上校以上軍官轉任公務人員考試）及升官等升資考試（薦任、簡任升官等考試）；專門職業及技術人員考試則分成高等考試及普通考試。除了金融主管機關外，其他政府部會亦需要金融人力。在相關領域上，除財務金融外，經濟、財政、會計亦有關聯。因此，本文通稱為經濟金融人員，整理如圖一。不論公務人員考試或專技考試，均有各種考試涉及經濟金融人員。

　　公務人員考試中，多項考試均包括經濟金融相關類科，表一將公務人員考試涉及經濟金融類科列出。以高考一級考試為例，相關類科有「金融保險」、「財稅行政」、「國際經貿法律」、「經建行政」等。把所有公務人員考試列出，相關類科更多，包括「金融保險」、「財稅行政」、「國際經貿法律」、「經建行政」、「僑務行政」、「統計」、「會計」、「財經廉政」、「商業行政」、「財務審計」、「績效審計」、「公平交易管理」、「農業行政」、「財務行政」、「工業行政」、「外交事務」……等。

　　這些考試之舉辦，乃是政府各單位有用人需求，提出名額，由考試院舉辦測試甄選。考試方式原則上為筆試（申論題及測驗題），必要時加上口試、實地考試、審查著作或發明等不同形式。原則上公務人員總平均成績未達五十分者不予錄取，筆試科目有一科成績零分或特定科目未達規定最低分數者均不予錄取。至於分數已達標準者，考量用人單位需求名額，依分數高低擇優錄取。

　　公務人員考試之錄取率，依不同考試而有差異。表二為2014年至2019年間高考三級考試與普通考試之錄取率，以2019年錄取率最高，為10.79%，普通考試錄取率亦逐年增加，2019年為9.00%，雖然歷年來錄取率逐漸提高，高普考至2019年仍只達一成左右。可見進入政府部門擔任公職所要通過之甄試關卡競爭程度相當激烈。

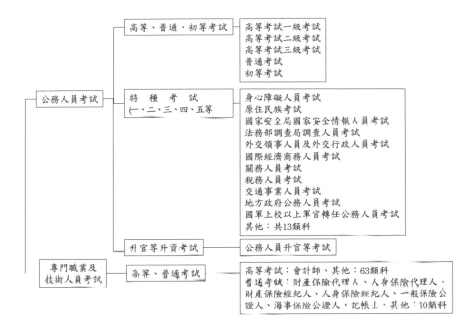

圖一、經濟金融人員國家考試

資料來源：本文由考選部資料整理而成（2015年）

表一、經濟金融人員國家考試類科

考試種類	考試類別	考試名稱	等級	類科
公務人員考試	高等、普通、初等考試	高等考試一級考試	一級	金融保險、財稅行政、國際經貿法律、經建行政
		高等考試二級考試	二級	金融保險、會計、經建行政(一般組)、經建行政(兩岸組一)、僑務行政
		高等考試三級考試	三級	財稅行政、金融保險、統計、會計、經建行政、商業行政、財經廉政
		普通考試	普考	財稅行政、金融保險、統計、會計、財務審計、績效審計、國際經貿法律、財經廉政、經建行政、公平交易管理、商業行政
		初等考試	初等	財稅行政、金融保險、統計、會計、經建行政
	特種考試	身心障礙人員考試	三等	財稅行政
			四等	財稅行政、金融保險、經建行政
		原住民考試	三等	財稅行政、會計、經建行政、農業行政
			四等	財稅行政、經建行政
		國家安全局國家安全情報人員考試	三等	政經組、國際組
		法務部調查局調查人員考試	三等	財經實務組
			四等	財經實務組
		外交領事人員及外交行政人員考試	三等	外交領事人員
			四等	外交行政人員(行政組)
		國際經濟商務人員考試	三等	國際商務人員

大類	考試名稱	等級	類科
	關務人員考試	三等	財稅行政、關稅會計
		四等	關稅統計
	稅務人員考試	三等	財稅行政、財稅法務
		四等	財稅行政
	交通事業人員考試	高員三級	財經廉政、統計、會計
		員級	財經廉政、統計、會計
	地方政府公務人員考試	三等	財稅行政、商業行政、會計、經建行政／工業行政、統計、會計、經建行政
		四等	財稅行政、經建行政、商業行政、農業行政、財經廉政
		五等	財稅行政、會計、經建行政、農業行政
	國軍上校以上軍官轉任公務人員考試		會計
升官等考試升資考試	公務人員升官等考試	薦任升官等考試	財稅行政、金融保險、統計、會計、財務行政、審計、經建行政、工業行政、商業行政、農業行政、外交事務、僑務行政
		簡任升資等考試	財稅行政、金融保險、統計、會計、財務行政、審計、經建行政、工業行政、商業行政、農業行政、外交事務、僑務行政
專門職業及技術人員考試	會計師考試	專技高考	會計師
	不動產估價師考試	高考	不動產估價師
	保險代理人保險經紀人及保險公證人考試	專技高考	財產保險代理人、人身保險代理人、財產保險經紀人、人身保險經紀人、一般保險公證人、海事保險公證人
	記帳士考試	普考	記帳士

資料來源：本文由考選部資料整理而成（2015年）

表二、歷年高考三級及普考錄取率

考試等級	2014年	2015年	2016年	2017年	2018年	2019年	
	錄取率（%）	錄取率（%）	錄取率（%）	錄取率（%）	錄取率（%）	錄取人數	錄取率（%）
公務人員高考三級考試	8.11	9.72	10.30	9.61	10.00	3,124	10.79
公務人員普通考試	5.53	7.27	8.54	8.00	8.14	2,688	9.00

資料來源：考選部

專技人員金融考試

　　專門職業及技術人員考試（簡稱專技考試）乃是依考試成績是否達到錄取標準而認定及格與否，並非似公務人員般以政府單位是否有職位空缺決定是否錄取。而專技人員及格後取得證照，並不保證必可取得職務工作。

　　專技考試中，分成高等考試與普通考試兩大類，高等考試與金融有關主要為「會計師」，普通考試中與金融有關為「人身保險代理人」、「財產保險代理人」、「人身保險經紀人」、「財產保險經紀人」、「一般保險公證人」、「海事保險公證人」、「記帳士」等。

　　表三為2017年至2019年之及格人數，會計師介於300人至450人間；與保險相關之及格人數，2019年以人身保險經紀人、財產保險經紀人最高，各為124人、123人。另外，記帳士之及格人數波動較大，2017年及格者不多，2018年至2019年較高。一般保險

公證人與海事保險公證人之應考者與及格者之人數均最低。

　　進一步檢視表三金融相關專技考試之類科別，會計師與記帳士乃是各行各業都有需求之人力，而在金融機構所需人力中，唯保險業從業部分人員（保經、保代、保險公證人）須經考試院考選部之國家考試認定，至於其他金融業如銀行、證券、保險（壽險、產險）等金融人員證照，不經國家考試認定，另由金融培訓機構認定其證照。

表三、2017-2019年國家考試金融專技人員考試科目與及格人數

考試名稱	類科	考試科目		2017年(及格人數)	2018年(及格人數)	2019年	
		共同科目	專業科目			及格人數	及格率(%)
高等考試	會計師	國文	中級會計學、高等會計學、成本會計與管理會計、審計學、公司法、證券交易法與商業會計法、稅務法規	422	432	328	14.83
普通考試	財產保險代理人	無	保險學概要、保險法規概要、財產保險經營概要、財產保險實務概要	102	157	113	48.71
	人身保險代理人	無	保險學概要、保險法規概要、人身保險經營概要、人身保險實務概要	228	118	56	22.05
	財產保險經紀人	無	保險學概要、保險法規概要、財產保險行銷概要、財產風險管理概要	147	100	123	30.45
	人身保險經紀人	無	保險學概要、保險法規概要、人身保險行銷概要、人身風險管理概要	75	169	124	26.54
	一般保險公證人	無	保險法規概要、估價與理算概要、一般保險公證報告、一般查勘鑑定	12	7	8	23.53
	海事保險公證人	無	保險法規概要、海商法概要、海事保險英文公證報告、海事查勘鑑定	15	26	10	25.64
	記帳士	國文	會計學概要、租稅申報實務、稅務相關法規概要、記帳相關法規概要	311	1052	650	13.09

資料來源：考選部

金融培訓機構證照考試

金融人員執業所需證照，大部分由金融培訓機構舉辦，即金融主管機關之周邊單位執行。一般而言，銀行業務相關證照考試。由財團法人台灣金融研訓院執行，證券期貨業務相關證照由中華民國證券期貨市場發展基金會執行，保險業務相關證照由保險業務發展中心執行。

金融證照分成法定證照及非法定證照，示於表四。其中法定證照有17種，包括銀行信託業4種、證期投信顧業8種、保險業5種。非法定證照有16種，包括銀行信託業10種、證期投信顧業4種、保險業2種。至於國際證照，乃是國際機構所認定核發之證照，較常見者為認證理財規劃顧問（CFP）、風險管理師（FRM）、特許財務分析師（CFA）等。

若將視野放寬，國際金融機構也需要金融人才。人才在國際間流通越來越多，優秀人才是各界爭取的對象。因此擁有國際金融證照，乃是進入國際化機構之一項利器。

金融培訓機構除舉辦證照考試外，也開辦多種金融培訓課程，持續提供金融相關知識訊息。尤其在金融情勢及金融環境多所丕變之情境下，金融人員絕不能停止其進修，應迅速瞭解經濟變動與金融趨勢，有助於其職場之進展。

表四、國內外金融證照

國內外金融證照	
國內法定證照	**銀行、信託業** 1.信託業業務人員信託業務物專業測驗 2.銀行內部控制與內部稽核測驗 3.結構型商品銷售人員資格測驗 4.債權委外催收人員專業能力測驗 **證券、期貨、投信、投顧業** 5.證券商業務人員測驗 6.證券商高級業務人員測驗 7.證券投資分析人員測驗 8.期貨商業務員測驗 9.期貨信託基金銷售機構銷售人員測驗 10.期貨交易分析人員測驗 11.投信投顧業務員測驗 12.票券商業務人員測驗 **保險業** 13.人身保險業務員測驗 14.人身保險業務員銷售外幣收付非投資型保險商品測驗 15.財產保險業務員測驗 16.投資型保險商品業務員測驗 17.保險精算人員考試
國內非法定證照	**銀行、信託業** 1.理財規劃人員專業能力測驗 2.初階授信人員專業能力測驗 3.進階授信人員專業能力測驗 4.外匯人員專業能力測驗 5.金融人員授信擔保品估價專業能力測驗 6.初階外匯人員專業能力測驗 7.外匯交易專業能力測驗 8.金融人員風險管理專業能力測驗 9.中小企業財務人員專業能力測驗 10.中小企業財務主管專業能力測驗 **證券、期貨、投信、投顧業** 11.服務人員專業能力測驗 12.債券人員專業能力測驗

	13.資產證券化基本能力測驗 14.企業內部控制基本能力測驗 **保險業** 15.人壽保險核保理賠人員測驗 16.人壽保險管理人員測驗 17.財產保險核保理賠人員測驗
國際證照	**主要國際金融證照：** 認證理財規劃顧問(CFP) 風險管理師(FRM) 特許財務分析師(CFA)

資料來源：台灣金融研訓院彙整各金融培訓機構資料（2015年）

金融人才養成

各種考試機制提供了考生求職與機構求才管道，乃是對人力有需求。從人力供給面而言，大專院校是培育專業技能之重要場所，與金融人力相關科系包括經濟、財務金融、財政、會計等科系，全台共有七十餘系所。如果把技職學校之經濟金融科系列入，則系所數目不只上述所示。顯然，經濟金融領域乃考生求職所熱烈考量之職務。

金融人力乃是專業人力，須經過教育訓練以奠定知識基礎，並經過訓練以充實專業職能。學校是提供其基本觀念與專業知識之場所，金融培訓機構是深比其金融專業知識並落實金融實務之場所。通過甄試，是進入職場之第一道關卡。進入職場後，需持續學習與進修，方能跟上時代脈動，掌握金融情勢。

金融專業人才愈來愈受重視。政府部門中，金融主管機關需要金融監管人才，其他部會也需要金融相關人才。民間部門中，

金融機構需要金融專業人才，一般企業也需要財務金融人力。在國際間金融局勢丕變，金融創新不絕，金融風險四處的情境下，透過「教」、「考」、「用」各階段之銜接，是結合金融人才供需之途。未來除持續進行人力甄試機制外，培養金融人員前瞻角度、國際視野、研析技能、風險意識、冷靜應變等能力，是不可或缺之人才養成內涵。

（本文改寫自「金融人力甄試機制」，《金總服務雙月刊》第12期，臺灣金融服務業聯合總會，2015年4月）

經濟脈動下文官體制之不息挑戰

前言

　　各時代的文官制度，歷有年所，或延續往例，或因時調整；即使制度法規不變，運作體質也會逐年在環境影響下產生變化。把影響文官制度體質的影響因素詳細解析下去，涉及多重面向，包括經濟、政治、法律、社會、人文等等。本文從經濟分析角度切入，解讀公務體系的若干現象。

　　我國文官體制之建立，具相當歷史。文官制度為一國對於各級文官的整套體制，包括公務人員考試、任用、權利、義務，以及退休等層面，乃是一國公務人員之工作基本架構，攸關一國長短期發展，求其穩定，必須公正、公平、客觀、中立，為國遴選優秀人才。

　　經濟環境快速變遷，經濟社會多元多變。如何在不穩定的經濟環境中，維持文官制度應有之基本精神，中立公正，又能與時俱進，延攬優秀人才進入公門，配合國家發展需要，則是重要議題。

　　經濟、金融、財政等環境不斷變遷，大幅影響退撫制度之建置與退撫基金之操作。退撫制度面臨財政負擔壓力，而退撫基金的投資績效，總隨著國內外經濟金融情勢，使績效漲跌波動。如何在不同資產的投資策略上，兼顧安全性與獲利性，乃是退撫基金操作之基本原則。

　　在國內外經濟局勢快速變遷下，國家發展面臨的挑戰甚多。為提昇國際競爭力，在經濟脈動中持盈保泰，則文官體制之興革措施，必須具備前瞻思維，克服種種挑戰。

　　本文除前言外，第二節為文官體制的意義，第三節闡述經濟脈動變遷性之特質，第四節討論文官體制與時俱進的意義與作法，第五節為受到經濟直接觸動的退撫基金與年金制度，最後一節前瞻未來可能環境變化，以及文官體制在挑戰下所必須思考之因應策略。

文官體制的意義

　　文官體制之運作，經多年逐步成形、修改、充實，具相當歷史。歷代為國舉才，透過科舉制度，尋求優秀人才。科舉制度開始於隋代，經過了唐、宋、元、明、清，歷代一千多年的發展，制度上屢有改變調整，如何遴選優秀人士，各朝代均有該時代的制度。建立公正公平之舉才制度，意在擺脫特定家族的世襲與特權階級的操弄。國父孫中山先生以獨立分權觀念，制定五權憲法，在行政、立法、司法三院之外，另設考試、監察兩院，至於為國舉才之重責大任以及文官體制之建立職責由考試院擔綱。

　　公務人員所服務之機構，包括行政機關、公營事業機構、衛生醫療機構、公立學校。以2018年而言，共為356,878人，其中行政機關為248,805人（占69.7%），公營事業機構為59,779人（24.0%），衛生醫療機構19,700人（7.9%），公立學校職員28,594人（8.0%），其中以行政機關之公務人員占絕大多數。

　　公務人員之選拔，須經過國家考試。國家考試分成公務人員考試、專門職業及技術人員考試；公務人員考試包括高考、普考、特考等不同考試。以高考一、二、三級以及普考而言，歷年來應考人數、錄取人數、錄取率，示如表一，2007年至2019年間，高考錄取率介於5%~11%之間，自2010年後有漸上升趨勢；

表一、歷年公務人員高普考試到考暨錄取人數統計表

單位：人

年度	高考一二三級			普考		
	到考人數	錄取人數	錄取率%	到考人數	錄取人數	錄取率%
2007	25,243	2,120	8.40	29,513	1,198	4.06
2008	28,146	2,500	8.88	34,388	1,628	4.73
2009	39,049	2,248	5.76	44,276	1,257	2.84
2010	42,869	2,145	5.00	48,548	1,291	2.66
2011	42,317	3,260	7.70	51,016	2,189	4.29
2012	47,112	3,492	7.41	60,949	2,530	4.15
2013	45,940	3,388	7.37	56,407	2,942	5.22
2014	41,958	3,346	7.97	44,336	2,451	5.53
2015	37,164	3,552	9.56	39,868	2,900	7.27
2016	35,563	3,584	10.08	32,817	2,803	8.54
2017	33,590	3,190	9.50	34,520	2,762	8.00
2018	30,644	3,034	9.90	29,734	2,421	8.14
2019	29,756	3,190	10.72	29,851	2,688	9.00

資料來源：考選部統計室

普考錄取率介於2%~9%之間，亦是2011年後有所上升。經過國家考試錄取者，在正式至用人機關任職之前，尚須經過培訓機制，培訓中給予擔任公職人員應有之正確觀念，觀察其性向、品德與能力，擇優汰劣，維持一定的公務人員素質。經過考選制度擔任公職者，須服膺公務員各種相關制度，包括任用、服務、俸給、保險、獎懲、陞遷、考績、職組職系、調任轉任、退休、撫卹等等相關法規。

文官體制維持數千年，其主要精神與特質必須長存，公正性、公平性、客觀性的機制，不容減損；公信力的地位，經過多年累積，不容捨棄。少數人操作的不公，既得特定團體把持的失序，均應避免。文官體系在種種規範下運作，讓政府部門穩定地執行政策法令，無論政治環境更迭、社會複雜多元，民眾依然持續獲得政府各種應有服務，此種精神必須持續維繫堅守。然而，為求文官機制穩定，政府制定若干法令規範，有些規範失諸繁複、僵硬、守舊。而在環境情勢多變的挑戰下，過化規範與機制是否具備因應之彈性，是否具有前瞻性的思維，是否應啟動合宜修改，值得思索。

全球經濟脈動之變遷性

政府體系的運作，不能脫離經濟社會環境。經濟體系不斷發展，國內外局勢時時不同，市場脈動隨時變遷。各國的經濟成長、產業結構，金融市場、股市波動、匯市漲跌、出口進口，都有相當變化。換言之，經濟環境不斷變遷，乃是經常之事，尤其是金融海嘯發生時，全球各國皆受大幅影響。

經濟脈動具變遷性，觀察歷年經濟成長率，便可知其不穩定性。圖一顯示全球與台灣之經濟成長率的變化，尤其在2009年經濟成長率為負值，乃因2008年發生金融海嘯後造成次年經濟衰退；2010年轉為正值，則是經濟復蘇後之反彈。在全球影響下，台灣之經濟成長率亦與全球趨勢相近，在2009年下跌後於2010年竄升。圖一可看出，台灣經濟成長率波動程度比全球為大。

金融市場之波動，比經濟成長率之波動更大，無論股票市場、外匯市場、可貸資金市場均經常震盪，因此股價、匯率、利率及各種金融商品之價格與報酬率皆時時有所漲跌，直接影響各基金之投資績效。

經濟脈動之變遷性乃是常態，我國在競爭激烈的國際間爭取空間，致力於展現理想的經濟成果，豐足的社會福祉，期能因應環境變遷，則文官體制不能僵化而無視於環境挑戰，其法規合宜性與運作機制彈性必須具備，以期政府效能與時俱增。

單位：%

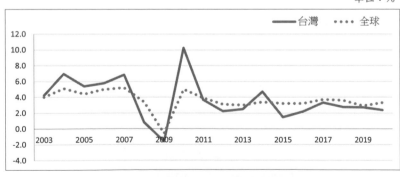

圖一　全球及台灣歷年經濟成長率

資料來源：台灣數據來自中華民國統計資訊網，全球數據來自IMF世界經濟展望。

與時俱進的文官養成機制

公務人力供給與需求機制，涉及跨部會合作，一方面維持文官考銓制度之公正、公平與公信力，一方面提升公務人力效能，均值得深度思考共同研議。與時俱進的文官機制，必須把「教、考、訓、用」各個機制有效結合，即教育、考選、培訓、進用等機制，都須思考如何精進，如何串連合作。

在經濟發展不同階段，對人才需求態樣隨之調整。台灣經濟發展初期，美國提供資金援助交流，國外績效評核觀念也被帶入，1970年代經濟起發，1974~1979年推動十大建設以來，對專精人才需求增加，政府逐步將公務部門的職組職系予以精緻切分，職務分類日趨多樣。到了二十一世紀，隨著科技與社會多元，跨領域人才的需求日益增加，不再拘泥於舊有的專長分類模式，隨著社會多元化發展，分工精細之單一專才已不符所求，必須結合不同專長合作，對於跨域人才之需求增加。且配合國家發展政策，諸如對外經貿政策與投資地區的拓展，科技提昇與數位資訊的競爭，銀髮社會與衛福環境之改善，公共建設與國土保育之強化等等，種種政策，都需要與時俱進的人力制度，擇取優質人才。

文官制度之與時俱進，可從用人彈性是否提高來觀察，若職組職系與考試類科降低繁複度，可讓用人機構在人力運用上提高彈性。考試院於2019年進行職組職系整併，並於2020年1月16日開始將整併後的職組職系制度推動上路，以期人才進用與運用得以更具彈性，此為公務人力與時俱進之一例，普通考試78個類科

修正為71個，高考三級考試122個類科修正為113個（另自2021年起，高考三級財務審計類科與績效審計類科合併為審計類科）。職組職系決定後，每年提出人力需求的類科則有不同，表二為歷年來高普考試設置類科數，以高考三級而言，2007年之類科數為77個，至2014年增至108個，接下來則逐漸降低；普考數則持續稍有增加，至2014年後變化不多。政府每年對人員需求情形不同，未來亦需隨情境變遷而調整需求類型與員額。

　　各國之政府規模不同，我國依政府組織再造與總員額法之規定，訂定機關員額最高限，目的精簡公務人員人數，以減少財政負擔。究竟採「大政府」或「小政府」模式較宜，該比例應多少

表二 2007-2020年公務人員高普考試設置類科數統計表

單位：科

年度	總計	高考三級			普通考試		
		小計	行政	技術	小計	行政	技術
2007	126	77	37	40	49	23	26
2008	126	73	34	39	53	24	29
2009	125	79	37	42	46	22	24
2010	137	86	41	45	51	24	27
2011	138	85	38	47	53	26	27
2012	147	90	43	47	57	27	30
2013	142	87	41	46	55	26	29
2014	170	108	46	62	62	29	33
2015	169	107	46	61	62	28	34
2016	162	100	46	54	62	29	33
2017	152	92	41	51	60	28	32
2018	163	99	44	55	64	30	34
2019	167	103	47	56	64	29	35
2020	158	98	46	52	60	27	33

資料來源：考選部

方為恰切，與各國政府架構及國情文化有關。政府規模大小，與政府效能有關，到底政府規模必須多少為宜，視各國情境而定，尚需進一步探討。參考國際經驗，圖二觀察各國之公務人員占其人口比率，以及占其就業人口比例，就新加坡、日本、韓國、德國、美國、英國、法國來比較，以法國之比例最高，新加坡與我國相近，比例皆相對較低。我國之公務人力在國際間並不高，財政負擔亦非最高，重要的是須考慮政府效能高低，除非確有冗員情事，不必先把單純強求精簡人力作為唯一方向。宜先從提高政府效能著眼，落實估算所需人力，分別檢視各機關人力與效能關係，再討論政府人力之增減合宜度，尋求最適之政府規模。

公務人員士氣及人才運用問題，依照瑞士洛桑管理學院公布之「2018年世界人才報告」，臺灣在「吸引與留住人才」方面排名第32，比2017年退步6名。另據報導指出，韓國年輕人嚮往公務人員工作約有4成。我國似無此現象，尤其近年來報考公職人數逐年遞減。根據陳昱涵、陳國樑、黃勢璋2018年〈公務人員退休金制度改革與其勞動市場之實證分析〉研究指出[*]，臺灣在1995年與2011年的兩次公務人員退休金制度改革，發現退休金制度改革造成非公務人員投入公部門意願降低，以及公部門員工退出公部門的比率上升；但若地方選舉發生政黨輪替，支持者以約聘僱人員身分進入公部門的比率則是顯著提高。上述研究尚採用歷史資料，雖非針對2018年之年改進行探討，亦具參考價值。在年金改革之後，部分公務人員士氣受挫。為避免優質公務人力流失，並追求政務品質與事務效率之提昇，宜思適當對策，期以提振公務人力資源，期以達到引才、聚才、用才、育才、留才之目標。

---

[*] 參閱：陳昱涵、陳國樑、黃勢璋（2018），〈公務人員退休金制度改革與其勞動市場之實證分析〉，台灣經濟學會2018年年會暨當前經濟議題學術研討會，12月15日。

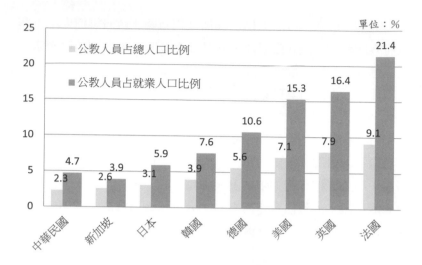

圖二、各國公教人員占總人口及就業人口比例

資料來源：中央及地方政府重要公務人力資料彙編，行政院人事行政總處編印，
　　　　　2018年3月。

　　教育制度在公務人力養成上，具有關鍵因素，必須提升教育品質與教育效能。然而，近十餘年來我國急於增設大專院校，枉顧少子化現象勢必降低未來入學人數，過多學校爭相設立，造成某些學校降低招生標準，教育品質低落，甚至面臨廢校命運。這是原本可以提早規劃而未規劃的偏誤政策，只看短期學校家數增加，欠缺前瞻教育思維，乃是一大教訓。

　　此外，學校課程教育內容可作適當調整，關於學校系所重點、課程安排，宜導入長期思維，激發學生潛力，因應未來社會需求，並適度宣導政府應有功能與使命，引導有志之優秀學生加入公職行列。

　　圖三把教育、國考、培訓、進用之四個環節予以串連，人力

供給從教育端引入，人力需求從進用端切入，銓敘制度在進用時適用之。政府相關部會之間宜環環相扣，把人力供給與需求相互媒合，共同打造公務人力陣營。

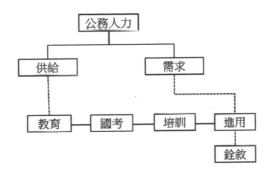

圖三、教考訓用環節與公務人力供需

資料來源：筆者整理

財金環境對退撫機制的不息挑戰

退撫制度與退撫基金之興革，面臨諸多挑戰，尤其在變遷的經濟脈動下，挑戰乃持續不斷。依據世界銀行所公布，社會上應提供三層退休保障；第一層為基礎年金，每個人皆可獲取之基本保障；第二為職業年金，不同職業有不同機制；第三層為商業年金，個人依其預算及需求購置。更完善者，往下加一層社會救助，由政府與社會對貧窮弱勢者協助之；往上再加一層家庭供養，親人供養生活所需。各國實施方式有別，我國政府對公、教、軍、勞各有保險與退休金之保障機制，屬第一層與第二層機制。

　　公務員之退休金，原乃吸引人才誘因之一，必須有持續財源以作支應。其財源有三，包括當事人經常提撥、政府財政填補、公共基金陸續累積。換言之，除由政府與當事人定期提撥資金挹注之外，尚需透過退休撫卹基金投資運用所累積的盈餘以充實財源。

　　鑑於財政負擔及各退休金機制差異等等因素，舊有退撫制度常有財政負擔沉重問題，若干國家政府已陸續進行改革。進行退休撫卹年金制度之改革，須面臨多項挑戰，進行任何年金制度改革前，均應先作若干準備工作。首先，應嚴謹研析年金改革配套措施與影響，研擬各項配套措施可能作法與影響等，縝密先作沙盤推演研析（例：所得替代率降低幅度不同、延後退休年齡時間不同、提撥率提高程度不同、各類群體提撥制度差異、改革速度不同，與對國家逐年財政以及不同群體的個人收入之影響等）。進行改革過程中，宜先集思廣義，在社會上不同族群不同立場之間，尋求適切作法，成本效益間取得適切平衡。

　　台灣歷年來已進行若干次年金改革，最大規模的改革為2016年啟動而2018年7月開始實施之制度。改革內容如表三所示，包括年金請領資格條件、調降退休所得、調升提撥費率等多項內容。

　　退撫新制已於2018年7月1日實施，然而年金制度所涉事項甚廣，就長期而言，仍有若干相關議題尚待進一步研議。新進公務人員退撫制度方向尚待斟酌，「公務人員退休資遣撫卹法」第93條「中華民國一百十二年七月日以後初任公務人員者，其退撫制度由主管機關重行建立，並另以法律定之。」新進公務人員退撫制度，採取確定給付制（DB）或確定提撥制（DC）尚有待商

表二、2017年公務人員年金改革法案重點內容

1. 公務人員年金改革法案名稱：「公務人員退休資遣撫卹法」（共6章，95條）
2. 年金請領資格條件：退撫法適用對象、退休條件、退休給與項目、退休年資採計上限、自願退休月退休金法定起支年齡、一般自願退休月退休命起支年齡延後方案過渡規定、不符合月退休金起支年齡及過渡規定時之5種作法、展期月退休金及減額月退休金、月退休金起支年齡案例
3. 調降退休所得：調降退休金計算基準、降降優惠存款利率（包括支（兼）領月退休金者，支領一次退休者不同案例）、調降退休所得替代率、兼領月退休金與一次退休金者調降方案、替代率調降規定之排除對象。
4. 增加退撫基金財源：調升提撥費率、繳費分擔比率、政府挹注。
5. 調整退撫基金管理條件
6. 調整其他機制：調整月撫慰金制度、取消年資補償金、採計育嬰留職停薪期間之年資、月退休金調整機制
7. 退休再任停發月退休金及優惠存款規定：再任公職之停止規定（受限制之機關）、新增私校為適用範圍、再任公職之停止規定（受限制之職務）、每月薪酬總額之認定、新增排除對象
8. 職務轉換年資制度轉銜：離職退費、年資保與年資併計。
9. 離婚配偶退休金請求權
10. 遺族撫卹制度調整
11. 退休給與專戶制度
12. 年金制度派重檢討機制
13. 新進人員建立全新制度

資料來源：參考總統公布之「公務人員年金改革法案介紹」，2017年8月

權。確定提撥制不必擔心財政負擔加重之基金破產問題，但實際領取金額必然比以前制度為低。確定給付制實際領取金額根據其年資及薪俸決定，領取金額較高，但不脫財政負擔及基金用罄問題之疑慮。

　　退撫年金制度之改革，乃是長期必須面對處理的議題。我國各級年金制度相當繁複，包括軍、公、教、勞、農及國民年金等

不同制度，在討論各制度時，須比較各制度之財政負擔程度，個人及雇主提撥額度、福利措施、職業類型差異、社會接受度等，以及整合與否之利弊得失。其處理過程必須審慎，歷次退休金改革所面臨之紛亂經驗宜引以為戒。

　　受經濟金融情勢直接影響最大的，是退撫基金之投資，其績效眾所矚目。退撫基金之投資項目包括固定收益與資本利得兩大類，資本利得主要為國內外股票。股票市場之波動性甚高，圖四為臺灣加權平均股價指數，1980年代後期由大約1000點一路攀升，股價飆高，1990年股市崩盤，由最高點12682點一路崩跌至最低點2485點，跌幅高達80.4%。接下來各年常有大幅震盪，股市投資收益高低變化甚大。

　　公教人員退撫基金之運作績效受其影響，歷年來有漲有跌，在金融海嘯之全球金融危機時刻，收益率轉為負值-22.3%。表三中政府各公共基金相互比較，除了軍公教人員退撫基金（簡稱退

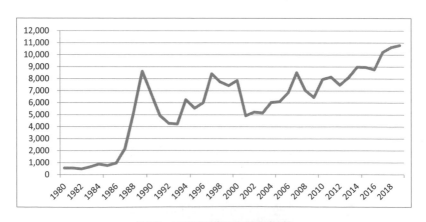

圖四、臺灣加權平均股價指數

資料來源：臺灣證券交易所發行量加權股價指數年報，2019年，為年平均數字。

表三、各政府基金歷年收益率彙整表

單位：%

年度	勞退(舊制)(1987年起)	勞退(新制)(2005年起)	勞保(1995年起)	公保準備金(1999年起)	國保基金(2008年起)	退撫基金(1996年起)
2008(金融海嘯)	(10.04)	(6.06)	(16.53)	(12.44)	2.39	(22.33)
2009	13.40	11.84	18.21	15.23	1.52	19.49
2010	2.11	1.54	3.96	2.61	3.74	3.60
2011(歐債風雲)	(3.53)	(3.95)	(2.97)	(2.87)	(3.66)	(5.98)
2012	4.50	5.02	6.25	4.72	5.06	6.17
2013	6.58	5.68	6.35	6.02	4.06	8.30
2014	7.19	6.38	5.61	6.72	6.05	6.50
2015(經濟遲緩)	(0.58)	(0.09)	(0.55)	0.37	(0.45)	(1.94)
2016	4.17	3.23	4.02	5.12	4.26	4.29
2017	7.74	7.93	7.87	8.24	8.04	7.15
2018(美中貿易戰)	(2.15)	(2.07)	(2.22)	(3.13)	(2.28)	(1.14)
2019	13.47	11.45	13.30	12.76	12.03	10.62
簡單平均收益率 各基金成立~2019年	4.14	2.96	4.11	3.77	3.40	3.88
簡單平均收益率 2008-2019年	3.57	3.41	3.61	3.61	3.40	2.89

資料來源：歷年收益率由退撫基金管理委員會協助提供
說明：括弧代表負值。

撫基金）之外，包括勞退舊制、舊退新制、勞保、國保基金、公保準備金等，各開始運作年度不同（示於表三中首列）。表中為2008至2019年之歷年運作績效。可見2008年以來，遭逢數度國際經濟金融大震盪，2008年金融海嘯、2011年歐債風雲、2015年全球經濟遲緩，2018年美中貿易戰，這些年度所有基金幾全陷入負值報酬率。因此，各基金2008年至2019年平均值比其成立以來之平均值為低。

比較各公共退休基金，可發覺退撫基金操作態度早期積極，2017年以後轉為穩健保守。收益率在2015年之前波動情形較高，

2017年之後轉為較為低波動情形。2008年與2011年，退撫基金之
負值程度在所有退休基金中最大，而在2009年與2012年經濟復甦
時，退撫基金報酬率之正值程度最大。2017年以來，退撫基金操
作較為保守，2017年正值收益率在所有基金中最低，2018年收益
率則為負值程度最小者，2019年至正值收益率相對較低，較為保
守。

　　把政府公共基金與私校退撫基金績效比較，私校退撫基金分
為保守型、穩健型、積極型三型，保守型之波動程度最低，積極
型之波動程度最高。分別計算2013年至2019年三種操作類型之簡
單平均收益率，以穩健型3.92%最高。穩健型之平均收益率高於
保守型與積極型，可見私校退撫基金之穩健型至目前在兼顧安全
性與獲利性之雙重目標的表現較佳。

　　未來如何改善退撫基金之經營績效，須多元齊下。組織改制

表四、私校退撫基金歷年績效表

單位：%

年度	私校退撫基金		
	保守型	穩健型	積極型
2013[註1]	0.71	5.43	0.10
2014	3.05	8.43	9.41
2015	1.77	3.98	3.98
2016	1.22	1.80	2.20
2017	1.31	5.60	9.76
2018	(1.29)[註2]	(1.53)	(4.72)
2019	1.90	3.70	3.50
簡單平均	1.24	3.92	3.46

註1：私校退撫基金2013年收益率係2013年3月1日至12月31日之期間收益率。
註2：括弧代表負值。
資料來源：退撫基金管理委員會協助提供

不保證績效提昇,為確實提昇基金績效,運作機制須作檢視,包括人員運用原則及彈性機制、委託操作制度、偵測經濟金融環境機制等。由於全球及國內外經濟金融局勢多變,必須密切注意環境變化,追蹤國際金融動態。因此基金負責人及操作人員之專業度、積極度、縝密度皆頗重要。

基金操作者須加強經濟金融情勢之研判以作適切投資策略,與經濟金融研究及預測單位維持資訊暢通管道,在經濟衰退與興盛之不同階段採取不同投資策略,擷取國內外各基金之投資優勢策略。在人力上,加強退撫基金之專業人力,設法在制度上改進以吸引優秀人力,並提供適切獎勵措施

挑戰與前瞻

雖然政治繁複,經濟變遷,金融波動,社會多元,國際雲起,在多變環境之下,建立公正中立之文官制度,乃是維繫國家穩定運作之堅定基石。文官體制不宜經常易動,亦不宜僵硬固執,宜考量長期穩定性與階段因應彈性,與時俱進。期許文官制度繼往開來,讓國家力求發揮競爭力道路上,維繫社會公正中立的樑柱。

打造與時俱進的文官體制,須多元進行;配合社會需求,引進優質人才;檢討官制官規,整理繁複冗餘的法令規章;培育機制強調跨域視野與跨部門協調,通才專才兼備;退撫制度則須考量財務收支作長久規劃,退撫基金研商如何兼顧安全性與獲利性。

　　朝向上述目標，力圖突破舊有窠臼，規劃可長可久的制度，乃是理想境界。然而，任何制度之形成有其背景與原由，有些改革容易進行，有些則涉及是否犧牲到原有部分正面效益，難以滿足所有族群。舉例而言，培訓機制之調整，由培訓機構負責執行，大致較易推動；至於銓敘制度易動，牽涉到政府機構人事結構之調整，糾葛難解；退撫制度之改革，直接影響不少人之退休所得，往往遭致不少阻力，舉步維艱；政府公共基金追求高績效，過度干冒風險則損及安全性；考選機制涉及教育機制，協商成本不低。

　　面對諸多阻力的問題，持續研究思索，尋求階段性的適切策略。舉凡對經濟波動基本性質的瞭解，對不同方案配套措施的沙盤推演，對長期與階段性的規劃，皆須審慎研擬。眺望前景，挑戰不息，文官體制必須在這變遷的環境中，以前瞻眼光與時俱進，守住文官基本定位而持穩前行。

（改寫自「經濟環境與文官體制挑戰」，《人事行
政季刊》第211期，中國人事行政學會，2019年4月）

附錄

楊雅惠記事

附錄一：楊雅惠簡歷

　　1956年出生於台灣彰化，獲國立臺灣大學商學系學士（1978年）、臺大經濟學碩士（1980年），臺大經濟學博士（1984年），美國哈佛大學經濟系訪問學人（Fulbright visiting scholar，1986年～1987年）。1980年起於中華經濟研究院任職，擔任助理研究員、副研究員、研究員，進行多項研究工作；並任中經院之台灣所副所長、所長等研究單位主管，並為經濟金融知識推廣工作之財經策略中心主任。

　　曾任中央銀行理事（2005年1月～2006年12月），參與貨幣政策之制定。並自中經院借調至公職單位服務，擔任行政院金融監督管理委員會委員（兩任，2007年1月～2014年6月），參與政府重要金融監理措施之決策。且任考試院第十二屆考試委員（2014年9月～2020年8月），續任為第十三屆考試委員（2020年9月~2024年8月），參與考銓文官體制及退撫機制之興革任務。獲行政院金融監督管理委員會『二等金融專業獎章』（2014年）、考試院『一等考銓獎章』（2020年）、考試院『一等功績獎章』（2020年）。

　　曾在國內多所大學兼任教職，包括臺灣大學、政治大學、輔仁大學、臺北大學等校，具教育部教授資歷（1991年），多年擔任國立臺灣大學財務金融系兼任教授（2005年起～）。

並曾任華南銀行董事、台灣金融研訓院監察人、財團法人住宅地震保險基金董事、行政院主計處國民所得統計評審委員、行政院衛生署全民健康保險精算小組委員、台灣經濟研究院顧問等。

發表經濟專著論述多項，包括專書（逾20冊）、中文論文（期刊及研討會，逾80篇）、英文論文（逾25篇）、研究計畫（逾45項），時論（逾200篇）。研究領域為經濟分析、貨幣理論、金融政策、文創產業、人力資源等。

工作之餘以音樂與文學怡情。在音樂方面:從小學琴，獲鋼琴比賽獎項，曾舉辦鋼琴獨奏會暨獨唱會，擔任合唱團指揮，獲金韻獎詞曲創作獎。追求音樂精進，以傳播和諧音樂為旨趣。

在文學方面：發表文藝小品及《經濟的創意樂章》專書，以文藝筆觸闡釋經濟及人文觀念。曾任金鼎獎評審。

附錄二：經濟著作目錄

　　截至2020年8月楊雅惠完成之經濟論述計有專書逾20冊、中文論文（期刊及研討會）逾80篇、英文論文逾25篇、研究計畫逾45項以及時論逾200篇。其中部分著作予以摘錄列示如下：

（一）楊雅惠專書

1. 《外銷與金融制度初探》，中經院：經濟專論（13），1982年9月。

2. 《雙元性金融體系下利率管制政策之經濟效果》，中經院：經濟專論（43），1984年元月。

3. 《雙元性金融體系之經濟政策效果》，中經院：經濟叢書（7），1984年12月。

4. 《臺灣金融體制之研究》，中經院：經濟專論（65），1985年6月，（與許嘉棟、梁明義、劉壽祥、陳坤銘合著）。

5. 《當前金融機構資金供需之剖析》，中經院：經濟專論（84），1986年元月。

6. 《貨幣、利率與物價之因果檢定--多變數時間數列模型之應用》，中經院：經濟專論（85），1986年元月。

7. 《犯罪行為之經濟分析》，中經院：經濟專論（102），1986年11月。

8. 《臺灣策略性工業獎勵措施之成效評估：廠商調查分析》，中經院：經濟叢書（17），1990年4月，（與任立中，周榮乾合著）。

9. 《金融市場與利率論文集》，茂昌圖書公司，1991年4月。

10. 《臺灣經濟研究論叢－－貨幣與金融制度》，中經院，1991年7月，（楊雅惠主編）。

11. 《中小企業融資之研究》，中華民國中小企業之發展（三），經濟部&中經院主編，1993年8月，（與蕭玄逸沂合著）。

12. 《臺灣產業發展與政策》，中經院，1995年9月，（楊雅惠主編）。

13. 《貨幣金融與發展論文集》，1997年5月。

14. 《當前製造業資金問題與對策》，當前經濟問題分析系列，中經院，1997年7月，（與陳元保、陳坤銘、杜英儀合著）。

15. 《貨幣銀行學》，三民書局，1998年2月初版，2000年3月增訂二版；2006年10月三版，2011年9月四版，2012年8月5版。

16. 《科技專案經費分配模式之探討》，中經院：經濟專論（180），1998年11月，（與王健全、蔡坤宏、孫克難合著）。

17. 《台灣產業金融措施的回顧與展望》，當前經濟問題分析系列之30，中經院，2002年9月，（與杜英儀合著）。

18. 《大陸金融體制之研究—兼論台商融資管道與台灣銀行業赴大陸設點問題》，經濟叢書系列，中經院，2003年9月，（與龍嘯天合著）。

19. 《大陸保險市場之發展暨開放》，當前經濟問題分析系列之34，中經院，2004年3月，（與龍嘯天合著）。

20. 《企業現金增資用途與運用效益之探討》，經濟專論第216號，中經院，2007年6月，（與詹淑惠合著）。

21. 《經濟的創意樂章~一位經濟學者的人文視野》，聯經，2008年。

22. 《台灣科技產業之籌資結構探討》，當前經濟問題分析第47號，中經院，2009年8月，（與詹淑惠合著）。

23. 《台灣金融體制之變遷綜觀》，台灣的金融體制與發展系列之1，台灣金融研訓院，2014年，（與許嘉棟合著）。

24. 《貨幣銀行學：理論與實際》，三民書局，2018年9月。

25. 《經濟脈動與文官體制---時局中的眺望與建言》，致出版（秀威），2020年2月。

（二）楊雅惠中文論文

1. 「臺灣消費函數之實證探討」，《臺北市銀月刊》，第11卷第12期，1980年12月，第1-10頁。

2. 「貨幣需求實證之剖析--時間數列模型與迴歸分析之綜合應用」，《臺北市銀月刊》，第14卷第11期，1983年11月，第1-29頁。

3. 「臺灣貨幣市場之發展與目前的問題」，《經濟前瞻》，第1號，1986年1月10日，第37-39頁。

4. 「利率自由化，不景氣與通貨膨脹」，《經濟前瞻》，第2

號，1986年4月10日，第23-26頁，（與蔣碩傑合著）。

5. 「面對通貨膨脹的隱憂」，《經濟前瞻》，第5號，1987年1月10，第50-53頁。

6. 「外匯政策、貨幣政策與貨幣供給」，《經濟前瞻》，第16號，1989年10月10日，第28-32頁。

7. 「銀行利率、黑市利率與貨幣市場利率之變動分析」，臺灣金融情勢與物價問題研討會，中央研究院經濟研究所，1990年6月8日～9日。

8. 「臺灣銀行業之管制與營運」，《香港與亞太區華人銀行業》（饒美蛟、鄭赤琰主編），香港中文大學、香港亞太研究所、海外華人研究社出版，1991年，第175～195頁。

9. 「銀行業管制與營運行為之分析」，《基層金融》，第22期，1991年3月，第19-44頁。

10. 「金融管制之政經因素與影響」，《中國經濟學會政治經濟研討會論文集》，1991年9月。

11. 「論央行的角色定位與決策理念」，《經濟前瞻》，第25號，1992年1月10日，第5頁。

12. 「憲法有關金融條款之評介」，《經濟前瞻》，第26號，1992年4月10日，第20-25頁。

13. 「公平交易法對銀行業之影響」，公平交易法與產業發展學術研討會，國立中興大學與公平交易委員會合辦，台北，1992年9月7～8日，（與孫克難合著）。

14. 「經濟犯罪與景氣循環」，中國經濟學會年會，1992年12月13日。

15. 「台灣金融政策及其影響」，海峽兩岸產業發展政策研討會，中經院、中國社會科學院，及台北經濟日報社合辦，廈

門，1992年12月21日～23日。

16. 「經濟犯罪與景氣循環」，《中國經濟學會年會論文集》，1993年。

17. 「當前國家整體經濟發展的趨勢及如何配合中小企業之輔導」，省政府建設廳，如何加強中小企業輔導之探討－－省政業務研討會，1993年6月4日，（與張順教合著）。

18. 「亞太金融中心的理想與現實」，《經濟前瞻》，第32號，1993年10月10日，第22-26頁。

19. 「蔣碩傑先生總體經濟理論之思想」，《吳大猷院長榮退學術研討會論文集》，中央研究院，1994年7月，（與費景漢合著）。

20. 「選票之決定因素試析：以民國80～83年台北市三次選舉為例」，中央研究院：研討論文（2），1995年8月），（與孫克難合著）。

21. 「穩定與開放之權衡」，《經濟前瞻》，第43號，1996年1月5日，第104-107頁；收錄於1996年全球經濟展望與分析，「穩定與開放之衡權—從金融中心談起」，中經院&臺灣中華書局，1996，頁127-132。

22. 「臺灣金融制度與經濟發展」，《經濟政策與經濟發展—臺灣經濟發展之評價》（于宗先、李誠主編），財團法人中華經研究院出版，俞國華文教基金會贊助，1997年1月，頁149-190，（與許嘉棟合著）。

23. 「國際局勢演變下台灣金融體系發展」，第二次華南經濟發展及東南經濟關係國際研討會，香港，1997年2月，（與王儷容合著）。

24. 「金融風暴下我國金融政策之省思」，《解析亞洲金融風暴

座談會實錄》（麥朝成主編），1998年1月，頁195-217。

25. 「1980年代以來之台灣金融發展」，一九八〇年代以來台灣
經濟發展經驗學術研討會，1999年3月26~27日。

26. 「金融制度與金融改革」，《一九八〇年代以來台灣經濟
發展經驗》（施建生主編），中經院，1999年6月，頁427-
461。

27. 「金融風暴後備思蔣教授的箴言」，《蔣碩傑經濟理念的現
實印證與思想源頭》（麥朝成、吳惠林主編），中經院，
1999年11月。

28. 「震災後金融問題與對策」，《貨幣市場雙月刊》，第3卷
第6期，1999年12月，頁15-21。

29. 「海外未登記投資傾向之決定因素分析」，《台灣經濟學
會年會論文集》，1999年12月，頁205—228，（與杜英儀合
著）。

30. 「台灣企業發展與金融體系」，海峽兩岸企業改革與發展研
討會，中國社會科學會主辦，中央研究院協辦，2000年8月，
哈爾濱。

31. 「發展知識經濟應有之金融環境」，《經濟前瞻》，72期，
2000年11月5日，頁87-91。

32. 「台灣銀行業發展與政策」，第五屆梁國樹教授紀念暨當代
貨幣金融問題研討會，台大經濟研究學術基金會、台大經濟
系、經建會主辦，2000年11月28-29日，（與陳澤義合著）。

33. 「台灣金融監理制度之回顧與檢討」，《貨幣市場雙月
刊》，第4卷第6期，台北市票券金融商業同業公會，2000年
12月，頁1-16。

34. 「當前金融問題之剖析與對策—兼評經發會金融議題」，

《經濟情勢暨評論季刊》，第七卷第三期，2001年。

35. 「大陸金融體制之沿革與問題」，《台灣金融財務季刊》，第2輯第1期，2001年3月，頁1-16。

36. 「知識經濟下金融服務業之定位與發展」，知識經濟時代與傳統產業振興研討會，（新世紀系列研討會之二），聯合報系&救國團主辦，救國團社會研究院，2001年5月5日。

37. 「經發會金融議題之評析—兼論對台灣經濟金融之影響」，經發會結論對台灣前途影響研討會，中經院，2001年9月27日。

38. 「金融多樣化以支持產業多元化」，《經濟前瞻》，2002年7月5日，頁54-57。

39. 「金融重建基金成效有賴重重配套」，《經濟前瞻》，2002年11月5日，頁39-43。

40. 「迎戰WTO金融新局」，《經濟前瞻》，2003年6月。

41. 「新舊版巴塞爾協定之差異及對我國之挑戰」，《經濟前瞻》，2003年11月5日，頁58-63，（與蔡淵文合著）。

42. 《金融論壇系列 I II III IV V VI》，中經院財經策略中心與玉山金融控股公司合辦，2003年3月、5月、7月、8月、10月（楊雅惠主編）。

43. 「兩岸金融深化之比較研究」，《中國大陸研究雙月刊》，第46卷第5期，2003年10月，（與龍嘯天合著）。

44. 「通貨緊縮與物價背離」，台北大學經濟系，第八屆經濟發展學術研討會—當前金融問題探討，2004年5月22日，（與許嘉棟、詹淑惠合著）。

45. 《資本市場論壇系列 I II III IV V VI》，中經院與台灣證券交易所合辦，2004年2月、4月、6月、7月、9月、12月（楊雅惠

主編）。

46. 「中國大陸金融機構區域發展與經濟發展之相關性研究」，兩岸金融產業發展學術研討會，台灣經濟學會&寶華綜合經濟研究院，2005年1月7日，（與龍嘯天合著）。

47. 「新台幣匯率與央行干預行為」，《臺灣經濟預測與政策》，第35卷第2期，2005年3月，頁23-41，（與許嘉棟合著）。

48. 「卡債問題之後的金融發展」，《卓越》，2006年5月，頁10。

49. 「外資之利弊與因應」，《卓越》，2006年7月，頁10。

50. 「資產證券化之發展與配套機制」，《卓越》，2006年9月。

51. 「金融協助產業發展之角色─兼述『約翰克利斯多夫』的聯想」，林鐘雄教授紀念學術研討會，台灣經濟學會等主辦，2006年9月23日。

52. 「台灣文化統計的經濟思維」，《經濟前瞻》，2006年11月5日，頁70-75。

53. 「智慧財產權籌資所涉之面向」，《華南金控月刊》，2006年12月，頁1-5。

54. 「我國債券市場發展現況及課題」，《證券櫃檯》，2009年8月，頁7-15，（與王湘衡合著）。

55. 「金融風暴夢魘能否杜絕？」，《台灣銀行家》，2009年12月。收錄於《金融脈動--解讀國際與兩岸金融》，台灣金融研訓院，2012年6月，頁162-166。

56. 「金融體制之演變」，《中華民國發展史---經濟發展上冊》，聯經出版公司&國立政治大學，2011年，頁309-344。

57. 「兩岸民間借貸 時空交錯」，《台灣銀行家》，2012年7

月，頁16-17。

58. 「金融中心排名競爭激烈」，《台灣銀行家》，2012年11月，頁16-19。

59. 「銀行 證券 保證 各有天空」，《台灣銀行家》，2013年3月，頁14-17。

60. 「人民幣離岸中心之挑戰」，《台灣銀行家》，2013年7月，頁18-21。

61. 「文創需跨領域整合」，《台灣銀行家》，2014年3月，頁10-13。

62. 「金融體系在產業發展中之角色探討」，于宗先院士公共政策研討會，中央研究院經濟研究所&中經院合辦，2014年5月2日。

63. 「金融人力甄試機制」，《金總服務》，2015年5月，第12期，頁52-57。

64. 「全球糾葛的貨幣議題」，《台灣銀行家》，2015年7月，頁18-22。

65. 「台灣年金現況與改革困境」，《台灣銀行家》，2016年1月，頁8-12。

66. 「德國與臺灣公務人員年金制度比較借鏡」，《公務人員雙月刊》，224期，銓敘部，民國2016年3月，頁43-52。

67. 「進入公門前後」，《考選通訊》，第69期，2016年9月1日，第1版。

68. 「台灣年金體系綜覽」，《台灣銀行家》，2016年10月號，頁12-15。

69. 「退休基金組織之規劃面向」，《人事行政季刊》，第199期，2017年4月，頁64-71。

70. 「以新科技新思維拓展普惠金融多元觸角」，《台灣銀行家》，2017年5月號，頁72-75。

71. 「美國聯邦公務人員退休制度及啟示」，《人事行政季刊》，中國人事行政學會，第200期，2017年7月，頁62-76，（與陳榮坤合著）。

72. 「跨域爆發力——從超時空的梅哲指揮談起」，《台灣銀行家》，2018年11月，頁8-11。

73. 「貿易戰下金融多元挑戰」，《金融會訊雙月刊》，2019年7月。

74. 「經濟環境與文官體制挑戰」，《人事行政季刊》，中國人事行政學會，第211期，2020年4月。

（三）楊雅惠英文論文（English Articles by Ya-Hwei YANG）

1. "Causality Between Money, Interest Rates and Prices on Taiwan: A Multivariate Time Series Analysis," *Applied Economics*, Vol.22 No.12, December 1990, pp.1739-1749.

2. "The Influential Policies on Strategic Industries: An Empirical Study of Taiwan," *CIER Discussion Paper* No. 9003, Dec. 1990.

3. "Government Policy and Strategic Industries: The Case of Taiwan," *Trade and Protectionism*, NBER -- East Asian Seminar on Economics, Volume 2 (edited by Takatoshi Ito and Anne O. Krueger), NBER & KDI & CIER, The University of Chicago Press, 1993, pp.387-411.

4. "Taiwan's Trade and the Financial System," Conference on Taiwan's Economic Success: Trade, Finance and Foreign Exchange, Monash University, Australia, 1993.

5. "Professor S. C. Tsiang's Thoughts on Macroeconomics and Growth Theory," Memorial Conference on Professor S. C. Tsiang's Economic Thought, CIER, Nov. 25-26, 1994, (coauthor with John C. H. Fei).

6. "Taiwan: Development and Structural Change of the Banking System," *The Financial Development of Japan, Korea and Taiwan: Growth, Repression and Liberalization*, (edited by Hugh Patrick and Yung-Chul Park,) Oxford University Press. 1994.

7. "Financial System and the Allocation of Investment Funds." *The Role of the State in Taiwan's Development*, (edited by J.D. Aberbach, D. Dollar, and K.L. Sokoloff), M.E. Sharpe, New York, 1994, pp.193-230, (coauthor with Jia-Dong Shea).

8. "The Financial System and Financial Policy in Taiwan -- Lessons for Developing Countries," *CIER Occasional Paper* No. 9410, December 1994.

9. "Financial Behavior of Taiwanese Investment in South China," International Conference on the Emergence of the South China Growth Triangle, Sponsored by The International Center for Economic Growth, The Mainland Affaris Council, and CIER, May 5-6, 1995, (coauthor with Yen-pao Chen, Tzung-ta Yen and Ying-yi Tu).

10. "Money and Prices in Taiwan in the 1980s," *Financial Deregulation and*

Integration in East Asia, (edited by Takatoshi Ito and Anne O. Krueger eds.) The University of Chicago Press, April 1996. pp.229-243, (coauthor with Jia-Dong Shea).

11. "The Financial Aspects of Taiwanese Investment in South China," *The Emergence of the South China Growth Triangle,* (edited by Joseph S Lee), Chung-Hua Institution for Economic Research, August 1996.

12. "An Analysis of the Structure of Interest Rates in Taiwan: An Application of the Vector ARIMA Model," *Asian Economic Journal,* Vol.11 No.3, Sept. 1997, pp.265-281.

13. "Economic Crime and Business Cycles in Taiwan," *Journal of Asia-Pacific Economy,* Vol. 2 No.3, Oct. 1997, pp.388-405.

14. "A Study of the Financial Aspects of Small- and Medium-sized Enterprises in Taiwan," *Trade and Investment in Asia,* Center for Global Education, S.t. John's University, (edited by E. B. Flowers, T. C. Chen and I. Badawi,) April 1997, pp.127-152.(coauthor with Yenpao Chen).

15. "A Review of Monetary Policy in Taiwan," *Capital Flows and Monetary Policy in Asian Countries,* Nomura Research Institute: Institute of Southeast Asian Studies, January 30 & 31, 1997.

16. "Coping with the Financial Crisis: The Taiwan Experiences," *Seoul Journal of Economics* 1998, vol. 11, No.4, pp.423-445.

17. "Monetary Policy and Capital Flows in Taiwan during the 1980s and 1990s," *Coping With Capital Flows in East Asia,* (edited by C.H.

Kwan, D. Vandenbrink, and C. S. Yue), Nomura Research Institute (Tokyo) & Institute of Southeast Asian Studies (ISEAS), August 1998, pp.111-135. Reprint in the Volume II set *The Economic Development of Northeast Asia* (edited by H. Smith), Edward Elgar.

18. "Sources of Funds for Taiwanese Investments in Mainland China and Southeast Asia," *Interlocking Global Business Systems:The Restructuring of Industries, Econmics and Capital Markets* (edited by E. B. Flowers, T. P. Chen and J. Shyu), Greenwood Press of Westport, Connecticut, 1999, pp.207-232, (coauthor with Yengpao Chen and Ying-Yi Tu).

19. "Evolution of Taiwan's Financial System," *East Asia's Financial Systems: Evolution & Crisis*, (edited by S. Masuyama, D. Vandenbrink and C. S. Yue), Nomura Research Institute and Institute of Southeast Asian Studies, 1999, pp. 260-290, (coauthor with Jia-Dong Shea).

20. "Riding the Wave of the Asian Financial Crisis: Taiwan's Lessons for Emerging Economies," World Forum on Social Development, Geneva, Switzerland, June22-24, 2000.

21. "The Financial System and Financial Reform," *Taiwan's Economic Success Since 1980*, (edited by C. C. Mai and C. S. Shih), Edward Elgar, 2001, pp. 347-377.

22. "The Financing Role of the Capital Market In Taiwan's Knowledge-Intensive Firms," AT10 Meeting, Nomura Research Institute, March 7-8, 2002.

23. "Analysis of Factors Influencing Unregistered Overseas Investment

Behavior," *Applied Economic Journal*, Vol.18 No.2（July 2004）（coauthor with Ying-Yi Tu).

24. "Deflation and Monetary Policy in Taiwan," *in Monetary Policy with Very Low Inflation in the Pacific Rim*, NBER-EASE Volume 15(edited by T. Ito and A. Rose), the University of Chicago Press, 2006, pp. 371-396,(coauthor with Jia-Dong Shea).

25. "Sources of Funds for SMEs and the Credit Guarantee System in Taiwan," *Restructuring Small and Medium-Size Enterprises in the Age of Globalization*, (edited by J. H. Kim and S. H. Lee), Korea Development Institute,2009, pp.255-277.

26. "Capital Structure Choice and Ownership: Evidence from Electronics Enterprises in China," *China Economic Journal*, 2012, 4:2-3, 145-158（coauthor with Daw Ma).

（四）研究計畫（楊雅惠主持）

1. 《金融自由化對國內各產業財務結構影響》，經建會委託計畫，中經院，1987年4月。
2. 《策略性工業獎勵措施之成效評估及改進建議》，經濟部工業局委託計畫，中經院，1989年6月。
3. 《運用基金及專業銀行以支持工業發展之研究》，經濟部工業局委託計畫，中經院，1990年6月。
4. 《中小企業融資之研究》，經濟部國際合作處委託計畫，中

經院，1992年2月。

5. 《產業部門資金問題之探討》，經濟部工業局委託計畫，中經院，1994年6月。

6. 《產業部門資金問題之後續研究》，經濟部工業局委託計畫，中經院，1995年6月。

7. 《科技專案計畫資源分配模式之研究》，經濟部技術處委託計畫，中經院，1996年2月。

8. 《中小企業專案貸款之研究》，中小企業處委託計畫，中經院，1996年6月。

9. 《大陸金融改革與兩岸經貿關係之研究（I）》，國科會計畫，1997年7月。

10. 《大陸金融改革與兩岸經貿關係之研究（II）》，國科會計畫，1998年7月。

11. 《以金融措施協助產業升級之研究》，經濟部工業局計畫，中經院，1998年6月。

12. 《大陸金融改革與兩岸經貿關係之研究（III）》，國科會計畫，1999年7月。

13. 《當前金融問題分析與金融改革應有作法》，中華民國銀行公會&財政部委託計畫，中經院，1999年12月。

14. 《金融業如何支持高科技產業發展—以美國經驗為例》，行政院科技顧問組委託計畫，中經院，1999年12月

15. 《匯率、利率與貨幣政策—台灣實證分析》，國科會計畫，2000年7月

16. 《先進國家產業金融政策之比較研究》，經濟部工業局委託計畫，中經院，2000年12月。

17. 《以租稅金融措施協助傳統產業升級之研究》，經濟部工業局委託計畫，中經院，2001年12月。

18. 《如何建立新創科技事業之籌資措施》，中小企業發展基金管理委員會委託計畫，中經院，2001年12月。

19. 《兩岸證券市場競合及我方因應策略之研究》，台灣證交所委託計畫，中經院，2003年6月。

20. 《發展我國科技產業之金融配套措施規劃研究》，行政院科技顧問組委託計畫，中經院，2003年12月。

21. 《建構科技發展之優質籌資環境研究與政策建議》，行政院科技顧問組委託計畫，中經院，2004年12月。

22. 《現金增資效益之研究》，中小企業處委託計畫，中經院，2005年12月。

23. 《提昇台灣金控競爭力之研究》，經建會委託計畫，中經院，2006年4月。

附錄三：音樂文學發表

（一）作詞作曲

《待明朝》（第四屆金韻獎得獎作，1978年）

《祝福爸爸》（父親節頌歌，獲2014年台灣合唱協會詞曲
　　創作獎優選獎）

《希望》（撫慰八八風災受難者，2009年）

《幸福的叮嚀》（金管會金融宣導，2010年）

《更美好的家》（中華都市更新全國總會會歌，2014年）

《陪伴你》（祝福八仙塵爆傷患，2015年）

《警察之光》（2016年警察節）

《古亭基督長老教會會歌》(2018年)

（二）鋼琴

獲彰化縣少年組鋼琴比賽冠軍，多次在音樂會中鋼琴獨
奏，具協奏經驗，曾任台大合唱團、台大校友合唱團伴
奏。1995年舉辦「楊雅惠鋼琴獨奏會」、2010年舉辦「楊
雅惠博士鋼琴獨奏及獨唱音樂會」。

（三）聲樂

多次在音樂會女高音獨唱歌劇選曲、藝術歌曲、民謠
等。曾參加演出2005年、2006年「抒真人聲室內樂團音樂
會」，2008年「咱的歌、阮的愛」音樂會，2010年「楊雅
惠博士鋼琴獨奏及獨唱音樂會」、2013年「劇力萬鈞音樂
會」、2016年「大地之聲」音樂會。

（四）指揮

考試院合唱團、雅韻合唱團指揮。曾擔任中小企業總會
烏魚子合唱團、中經院合唱團、金管會合唱團指揮。在
「劇力萬鈞音樂會」（2013年）、「愛心聯合音樂會」
（2016-2019年，四次）中擔任指揮。

（五）文學

1. 出版《經濟的創意樂章》，聯經，2008年；闡釋文藝
   復興精神，經濟活力與多元創意，融合音樂、文學、
   藝術、歷史、心靈各角度。

2. 「楊雅惠專欄」，《台大校友雙月刊》。

3. 發表若干文藝小品。

附錄四：
師長對雅惠音樂文學涵養之勉詞

（一）2008/05/10《經濟的創意樂章》新書發表會
　　　（楊雅惠著，聯經出版）

于宗先（中央研究院院士，前中華經濟研究院院長）

「楊雅惠教授的文章既具散文風格，充滿濃郁的感情，又富經濟觀念的內涵。在經濟學者中，很難找到採用此種體裁的人，因為她博覽叢書，故能旁徵博引；她觀察細膩，故能體察被人忽略的細節；她能捉住重點，故能言簡意深；更重要的，她表達流暢，且文字雋永，容易為讀者所接受。」

胡勝正（中央研究院院士、金融監督管理委員會主任委員）

「本書是一本由音樂與藝術交織出充滿創意的經濟論文集。以淺顯易懂、優美有趣的文字，透過樂章詮釋經濟學的概念、邏輯與真諦，並且帶領讀者去享受音樂的激盪、

---

* 各師長稱謂為當時之職稱

文學的薰陶，與心靈的昇華。」

歸人（自由作家）

「竟有一位年輕的經濟學者，對文學也極為熱衷，而且寫作的執著、作品的情思，頗具特色。我思考了許久始發現，她作品的濃郁氣氛，原來得自她天賦的音樂質量。這是一般作者難以獲致的品質。」

許嘉棟（前財政部長，臺灣大學經濟系教授）

「她是經濟學界的才女，兼具理性與感性，左右腦發展得相當好，屬於達文西一族。」

（二）1995/05/20「楊雅惠鋼琴獨奏會」，台大視聽教育館

吳季札（國立台灣藝術學院音樂教授）

「當雅惠還是中學生時，參加少年組鋼琴比賽那年，我當評審。如今憶起往事，覺得很有意思；如果當時讓我教她，很可能她也成為一音樂博士。雅惠是一個名符其實的現代人，台灣文藝復興的先聲。」

（三）2010/05/02 「楊雅惠鋼琴獨奏暨獨唱音樂會」，台泥大樓士敏廳

蕭抒真（留德戲劇女高音）

「能由數年前一個聲樂的初學者，到今日走上獨唱音樂舞台，堅持不懈將『歌唱』這件事抽絲撥繭繼續研究的人不多，而雅惠便是如此，持續不斷地進步著，成長頗為明顯。她能彈能唱，同時掌握了主歌與伴奏的旋律，甚至還能改編，讓歌曲的詮釋更為豐富。」

諸大明（東吳大學音樂系鋼琴教授）

「音樂雖然並非雅惠的主業，但她對音樂所表現的鑽研精神卻會令時下許多音樂科系的學生汗顏。為了達到理想的演出效果，從整體到細節，大致佈局、結構、小至呼吸、裝飾音，她都再三推敲，精益求精。」

國家圖書館出版品預行編目

多彩經濟路 / 楊雅惠著. -- 臺北市：致出版，
2021.01
面；　公分
ISBN 978-986-99262-9-4(平裝)

1. 經濟學 2. 文集

550.7　　　　　　　　　　109017429

多彩經濟路

作　　者／楊雅惠
出版策劃／致出版
製作銷售／秀威資訊科技股份有限公司
　　　　　114 台北市內湖區瑞光路76巷69號2樓
　　　　　電話：+886-2-2796-3638
　　　　　傳真：+886-2-2796-1377
網路訂購／秀威書店：https://store.showwe.tw
　　　　　博客來網路書店：http://www.books.com.tw
　　　　　三民網路書店：http://www.m.sanmin.com.tw
　　　　　讀冊生活：http://www.taaze.tw

出版日期／2021年1月　　　定價／380元

致 出 版　　　　　　　　　　　　向出版者致敬